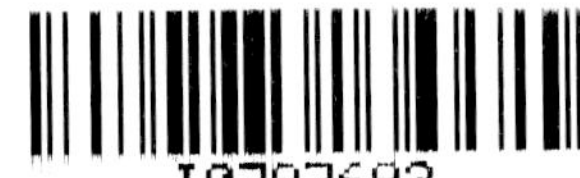

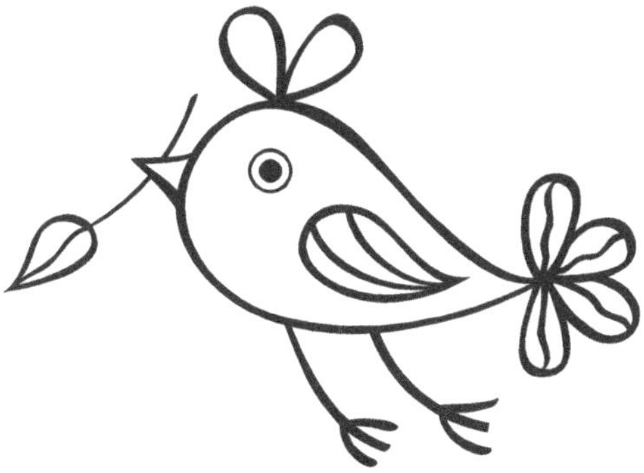

THIS BOOK BELONGS TO:

____

____

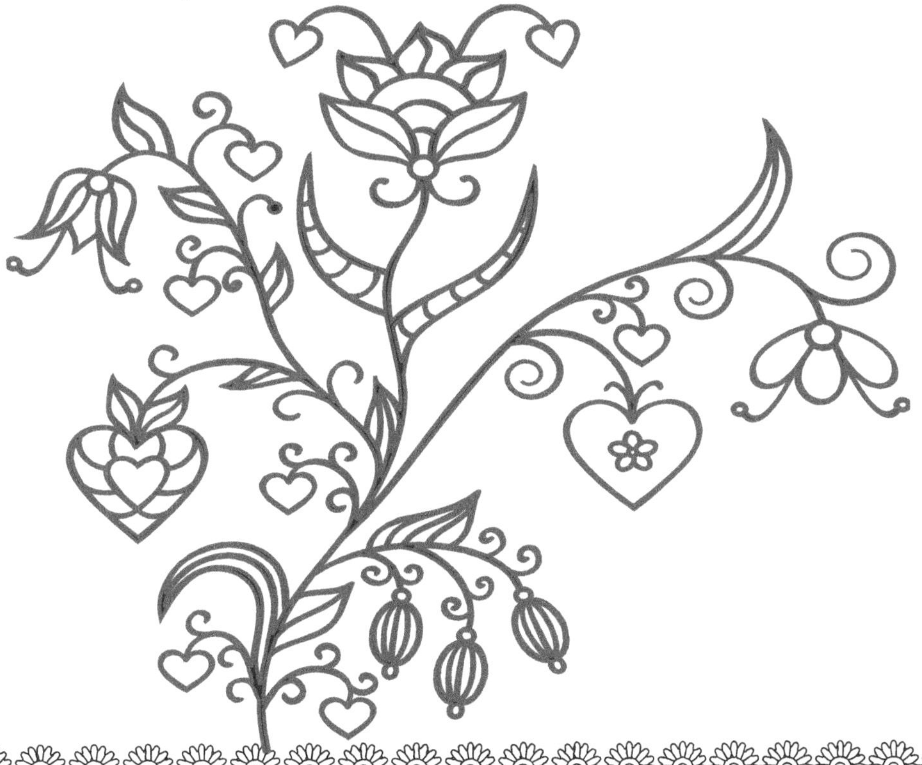

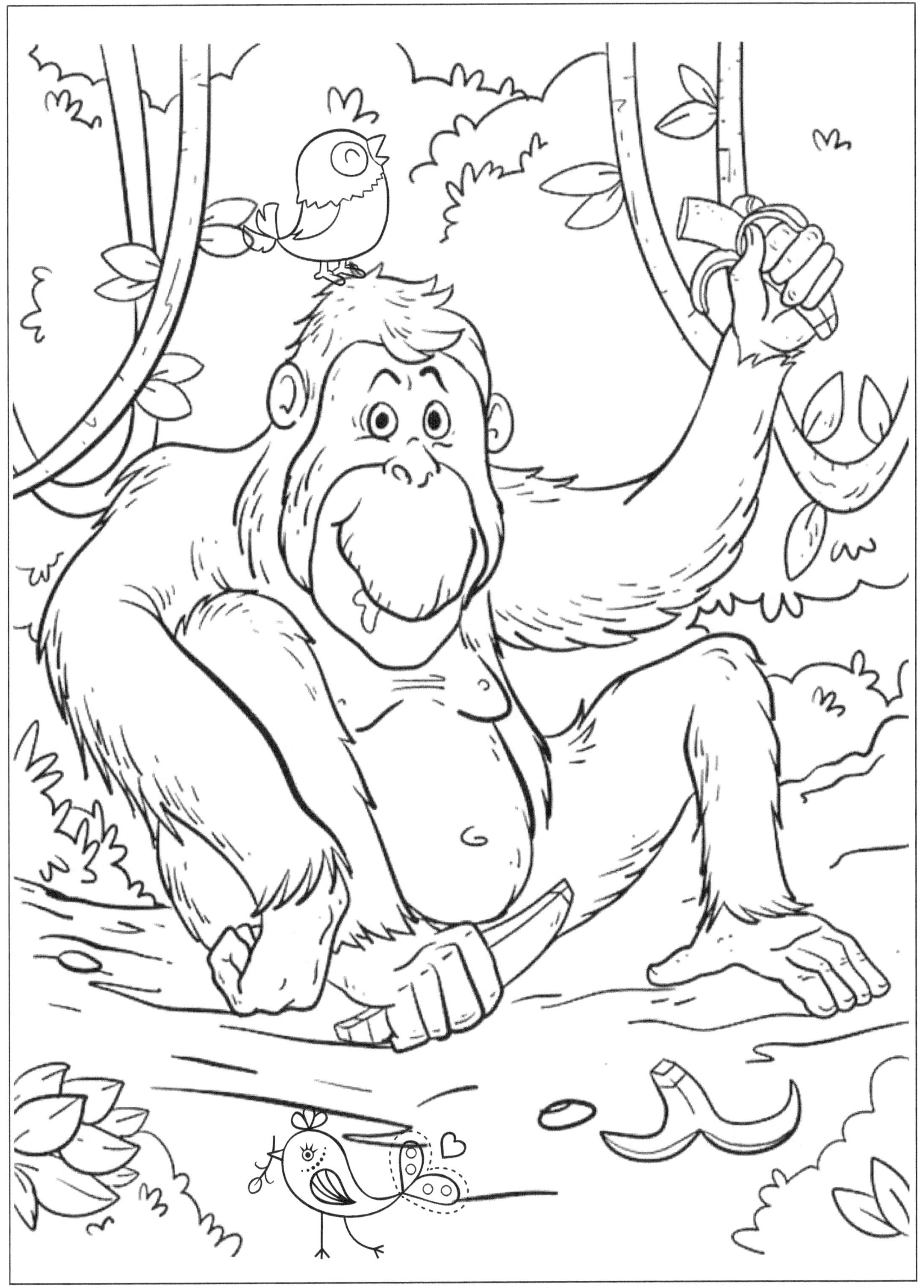

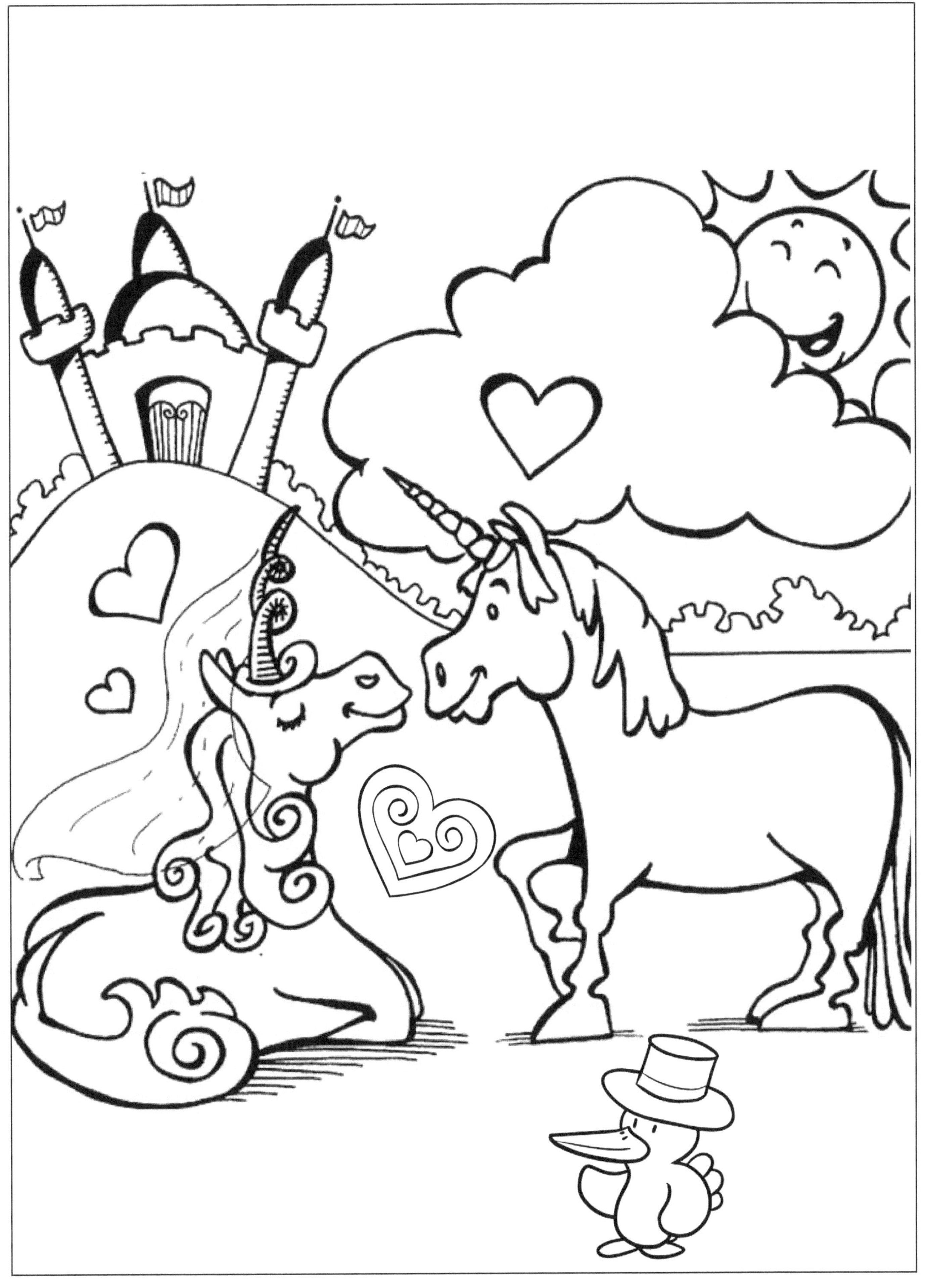

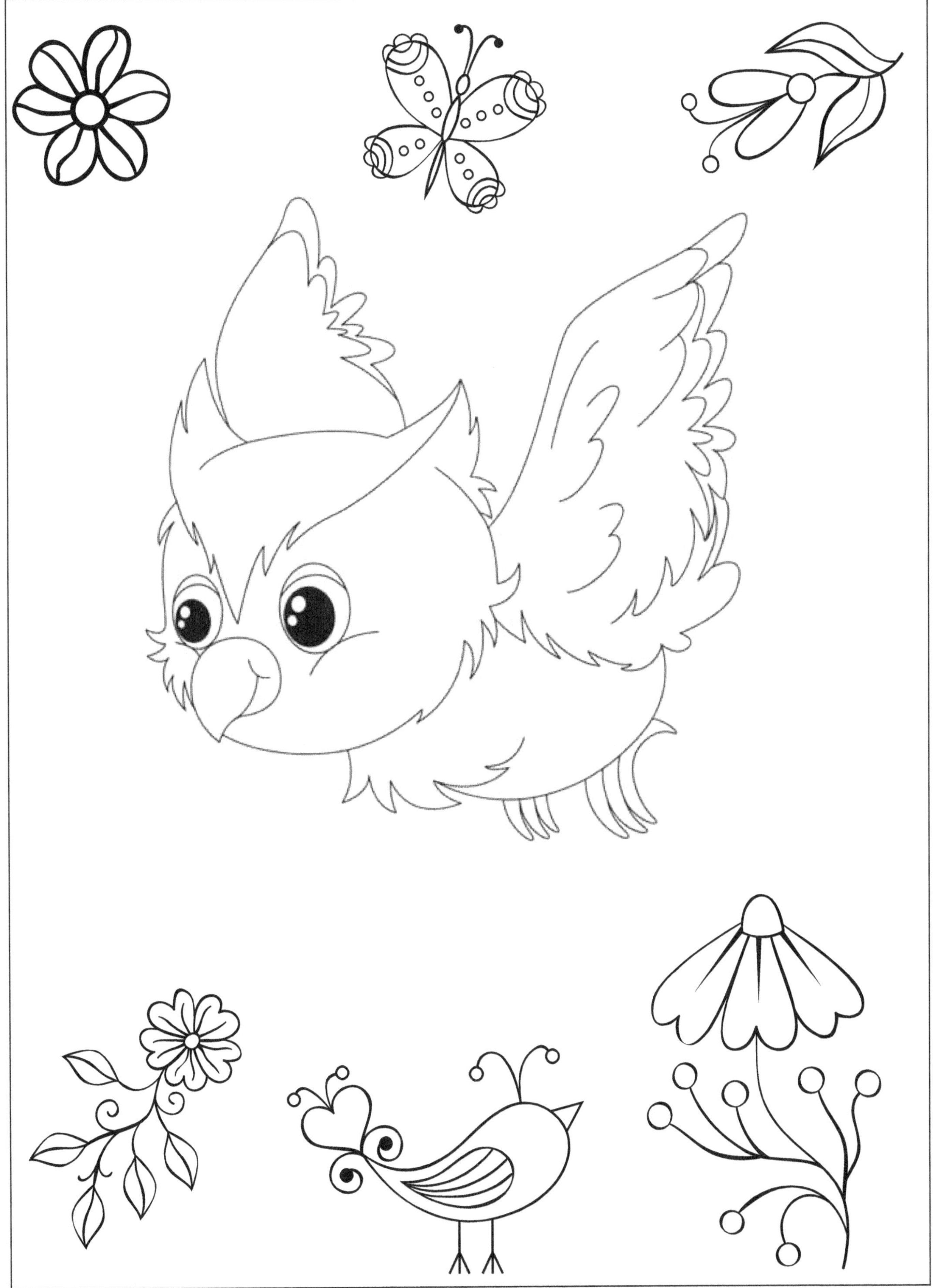

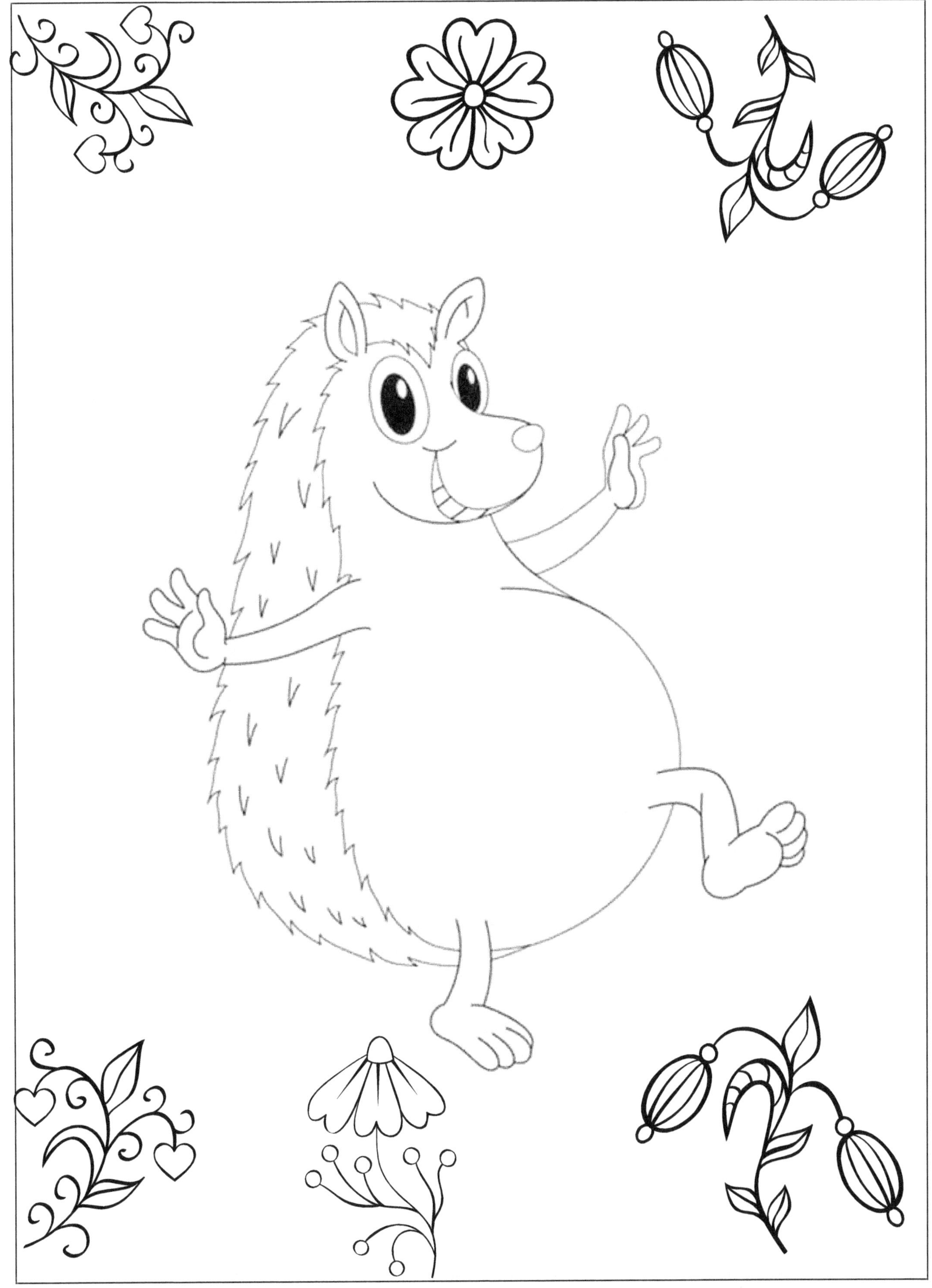

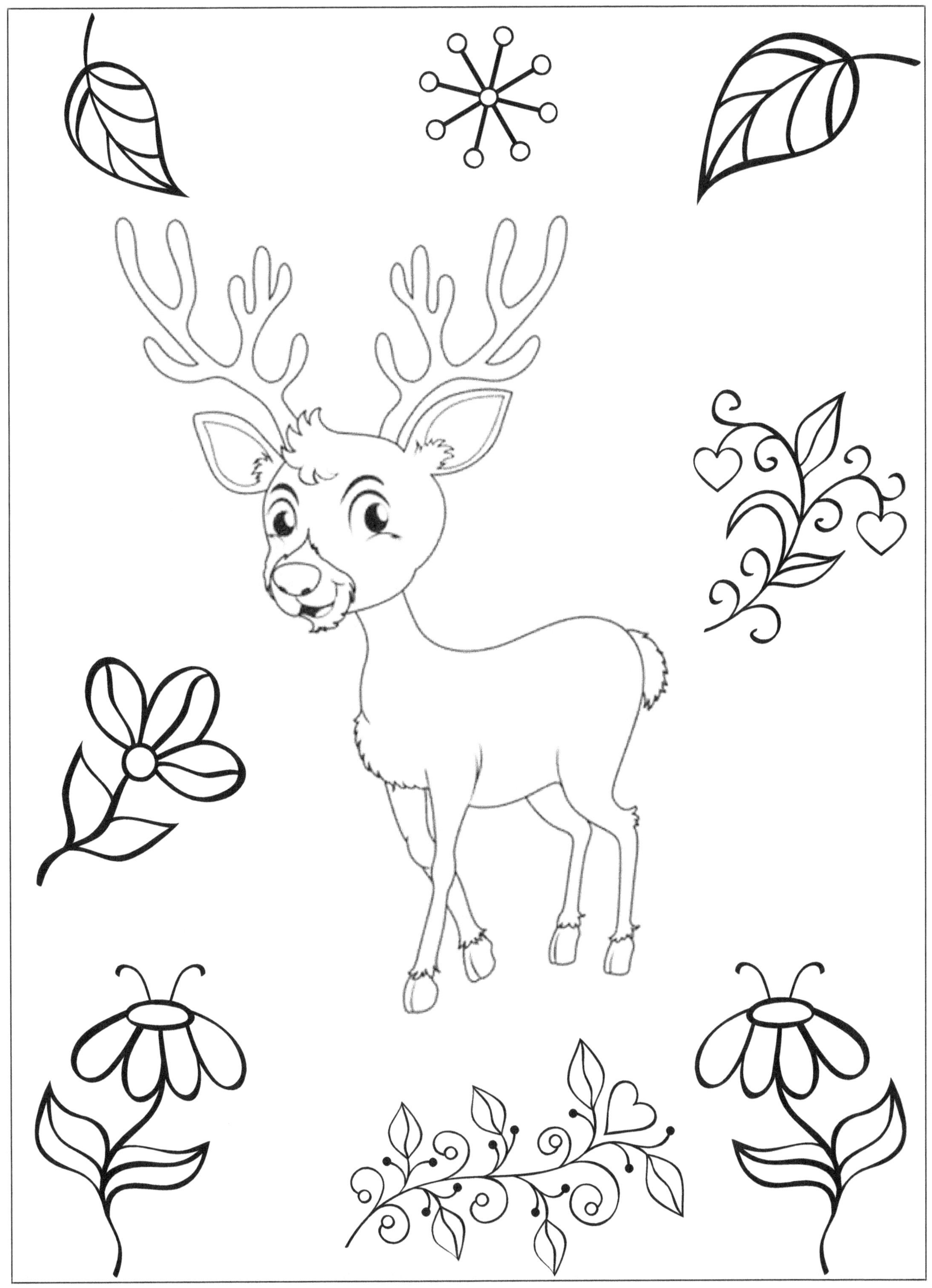

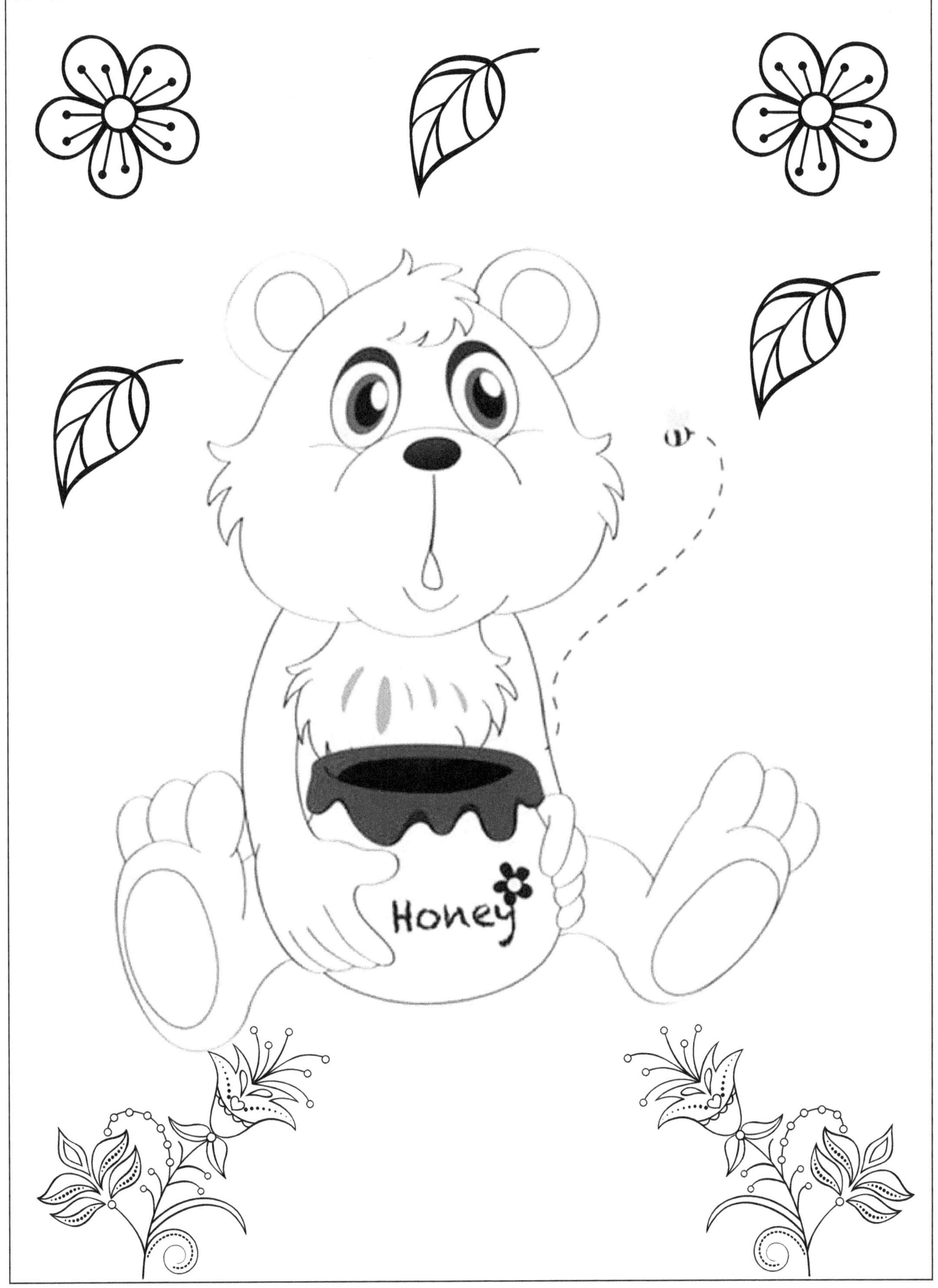
Honey

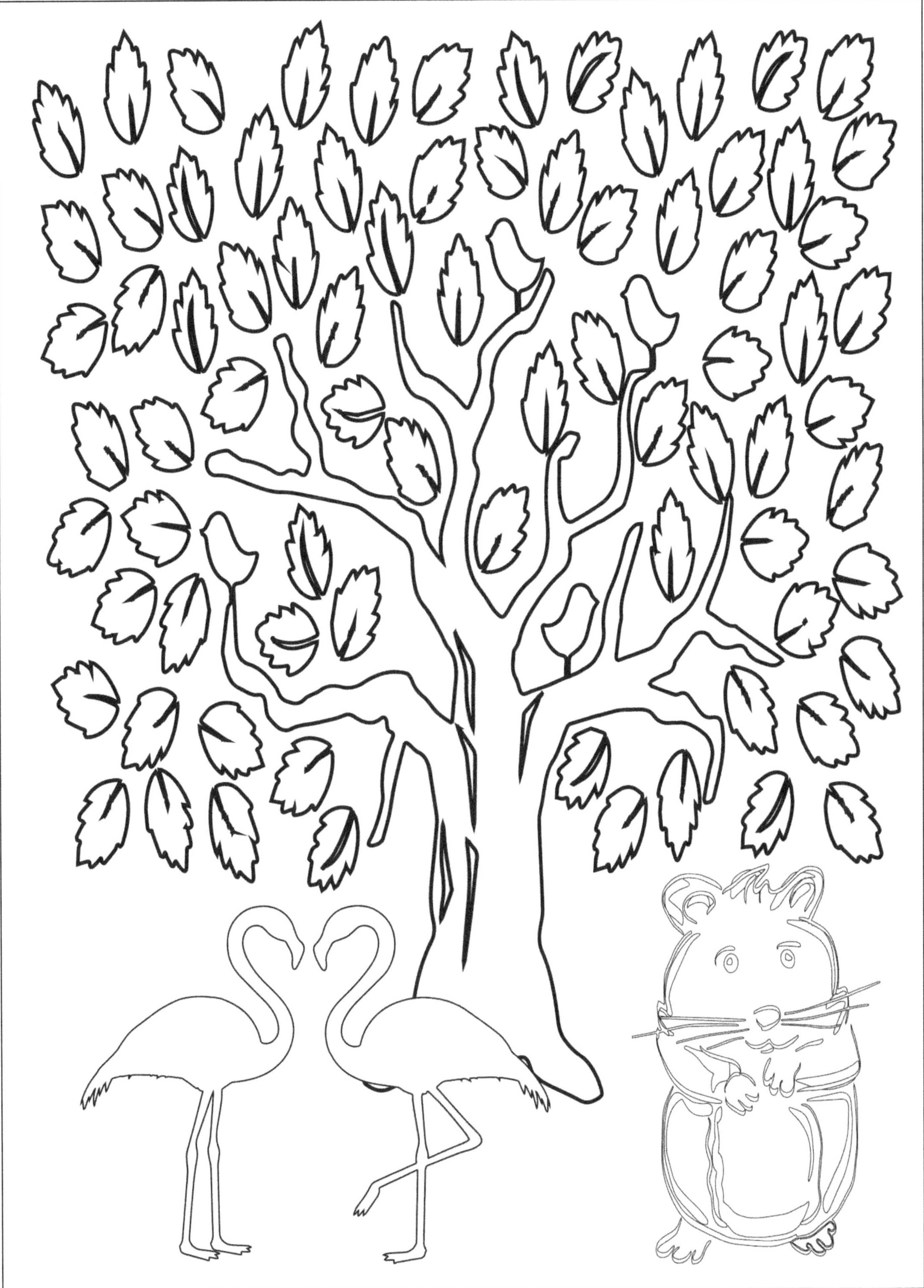

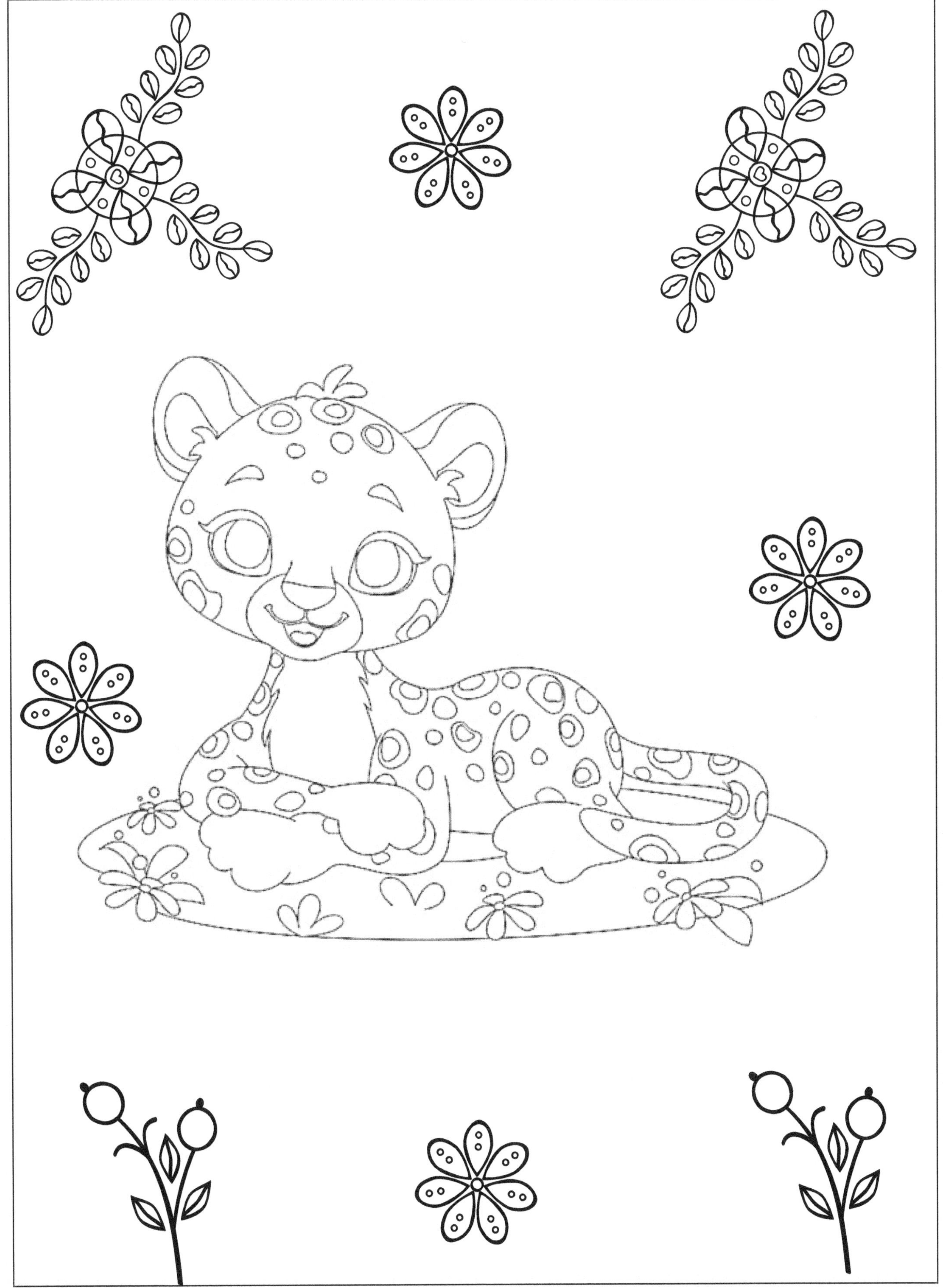

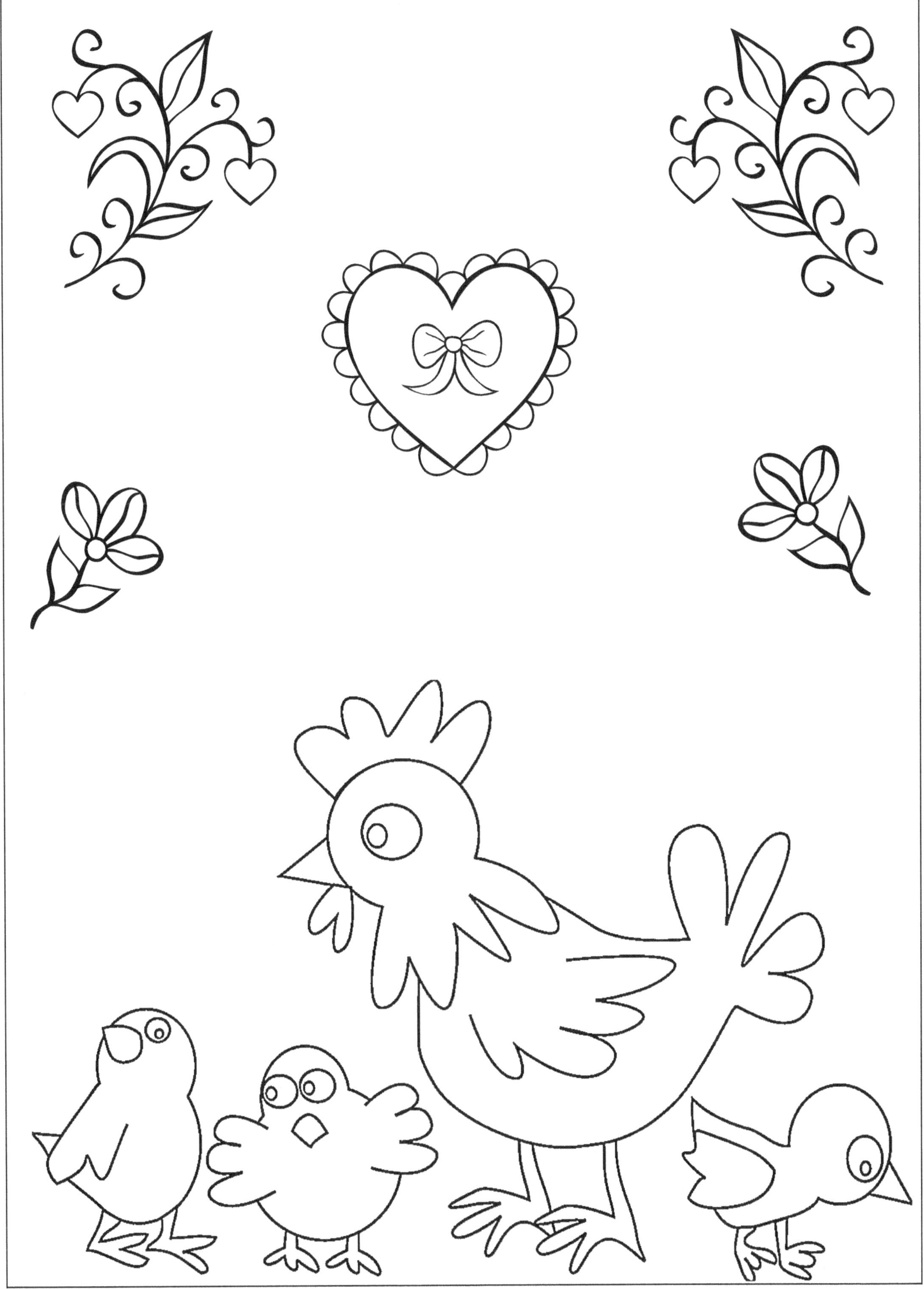

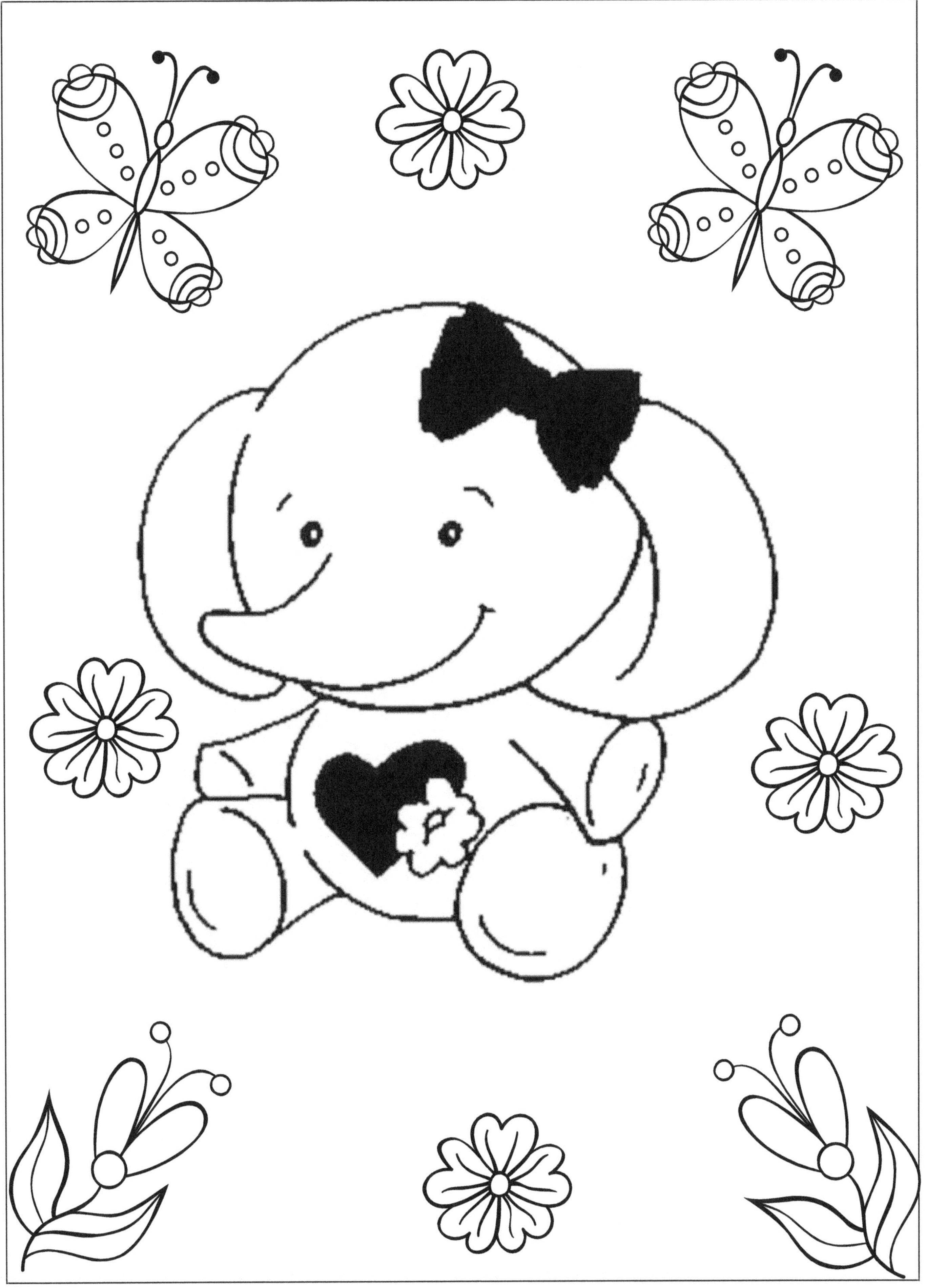

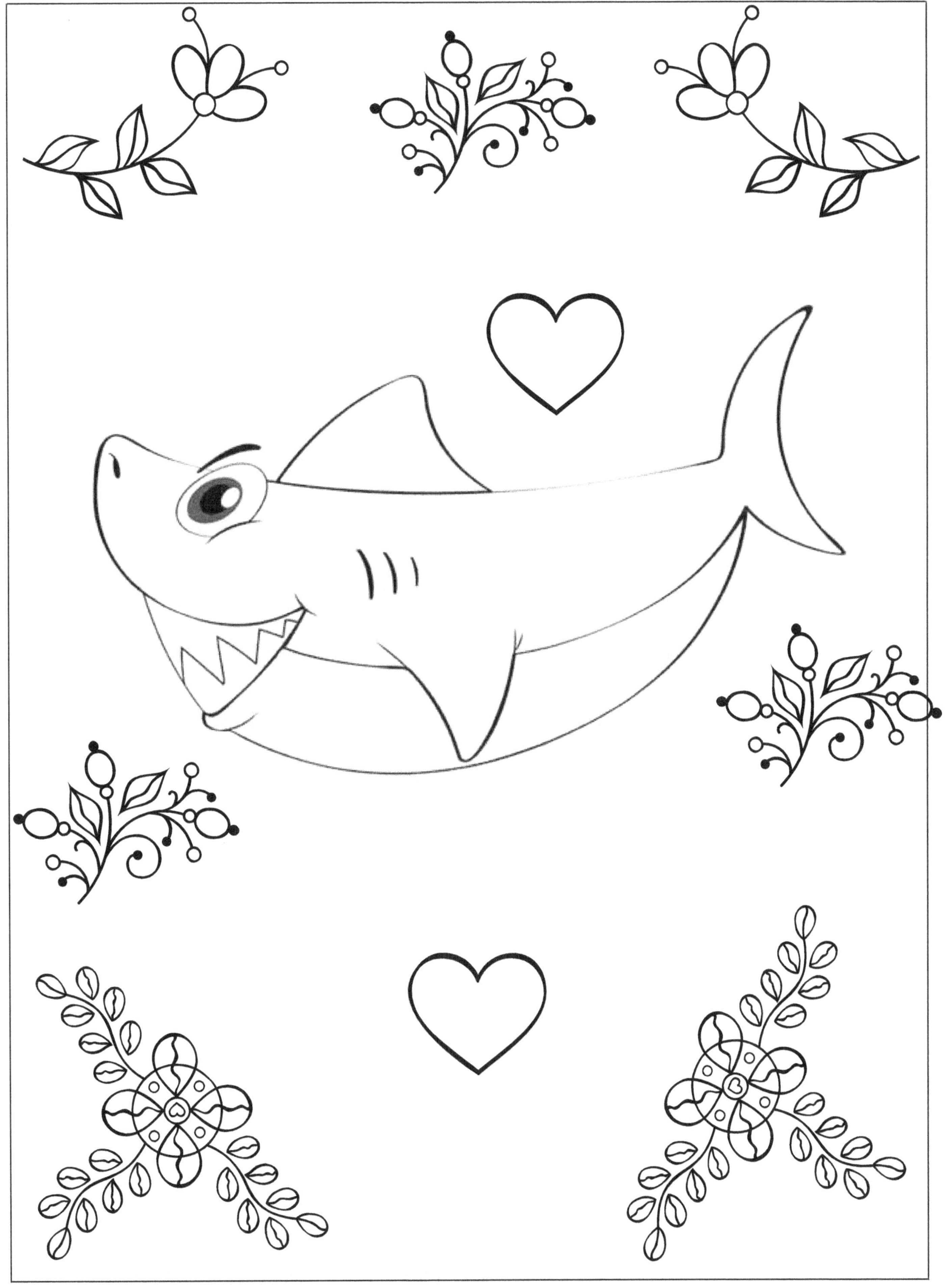

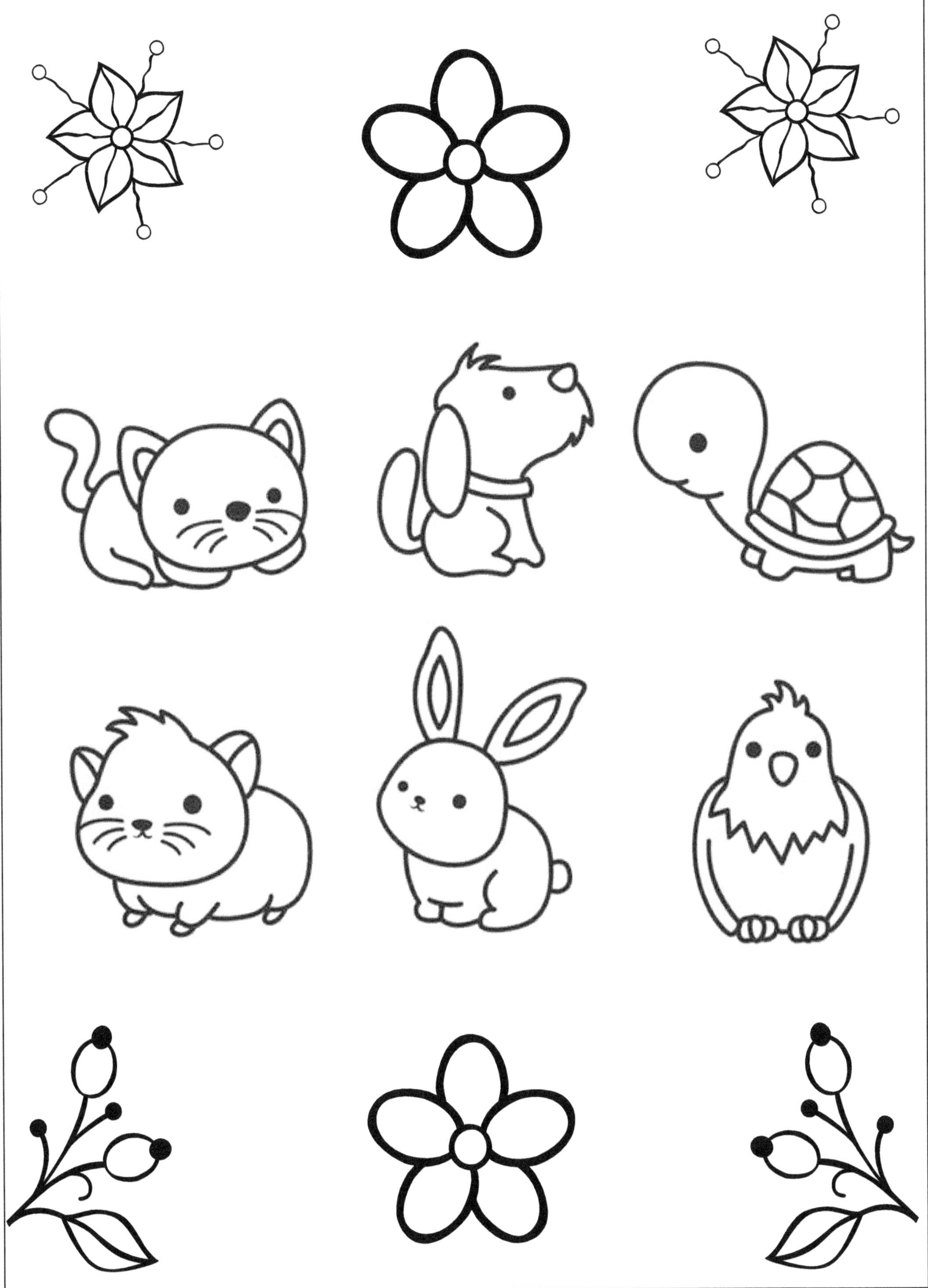

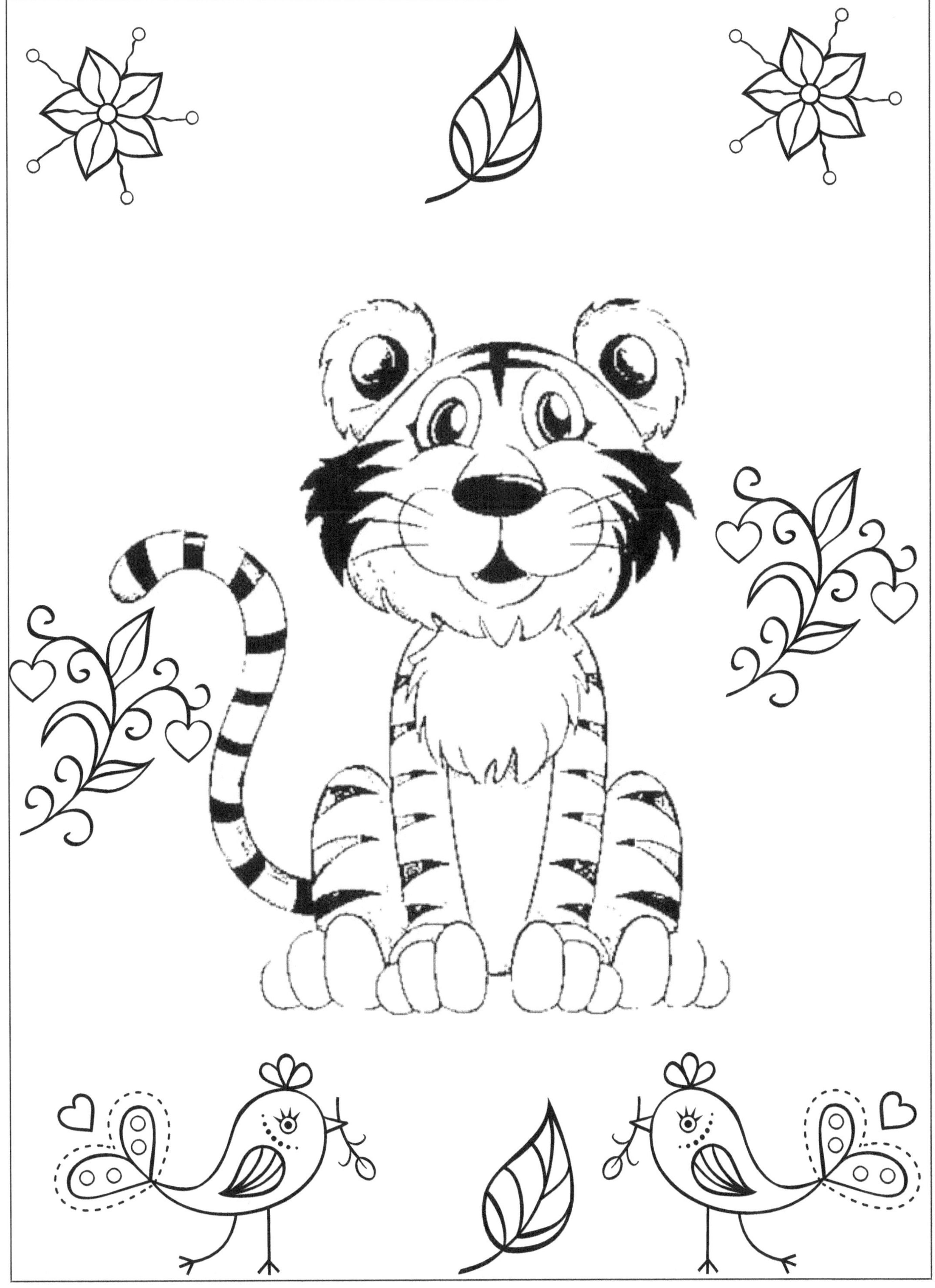

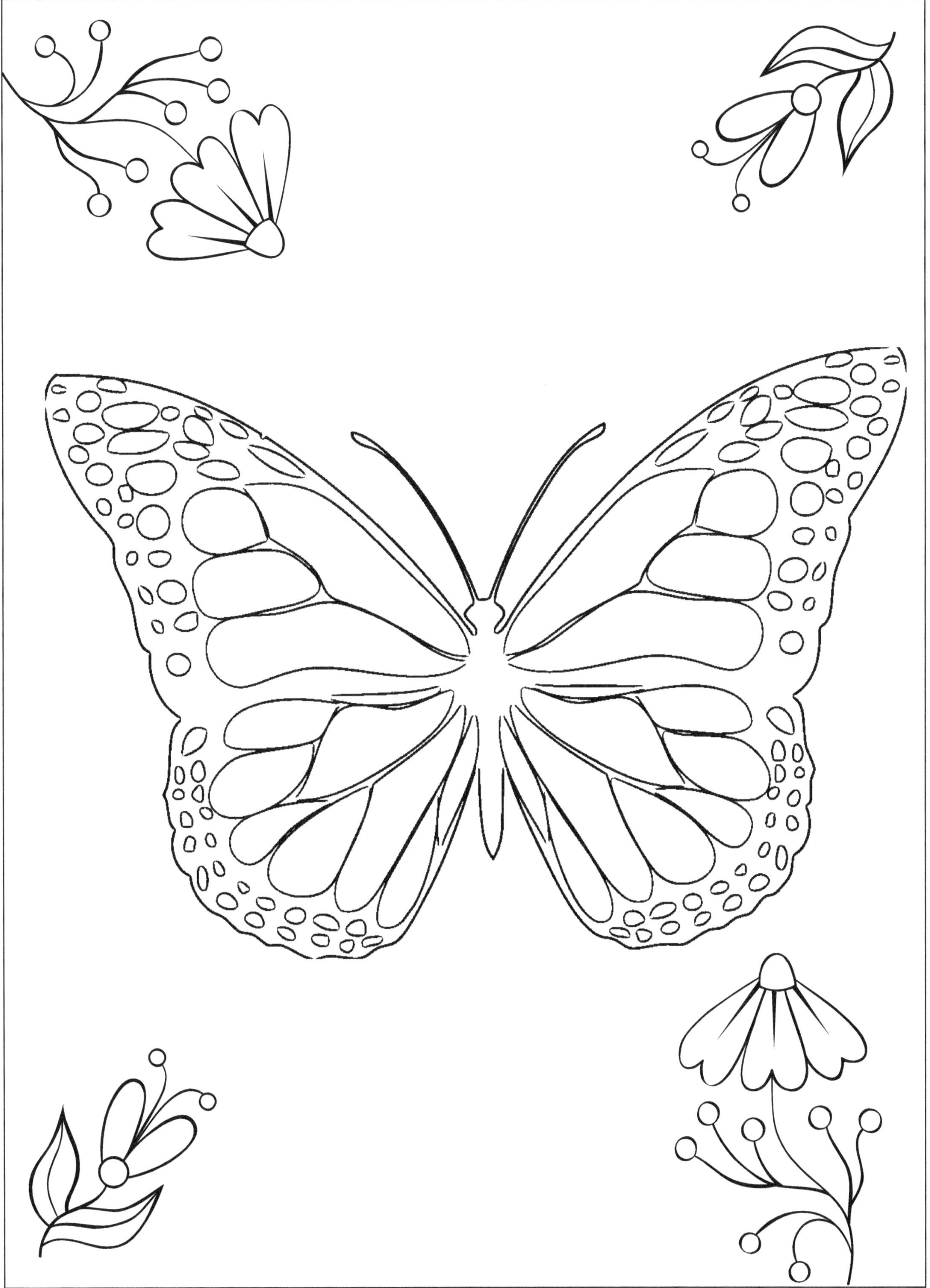

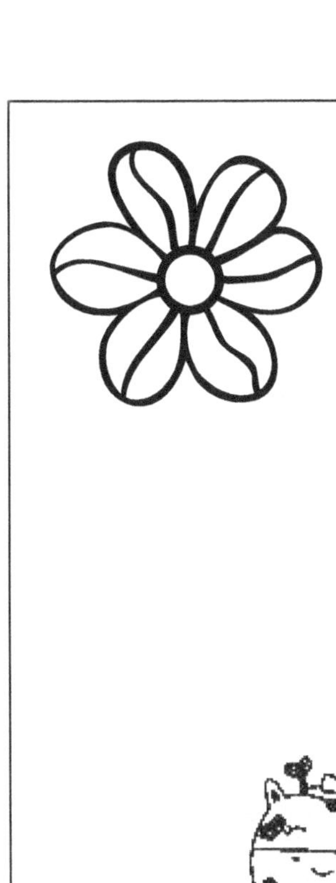
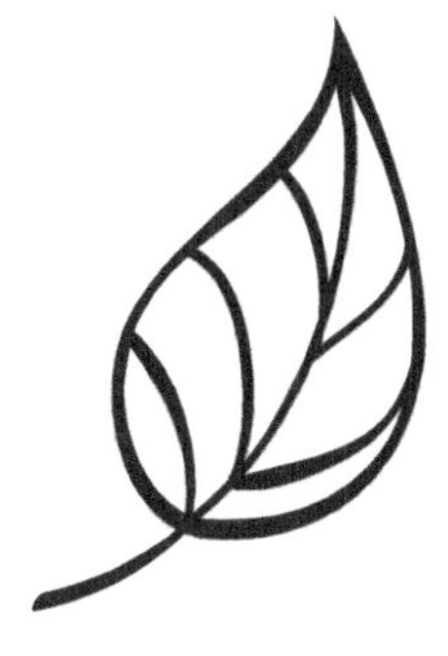
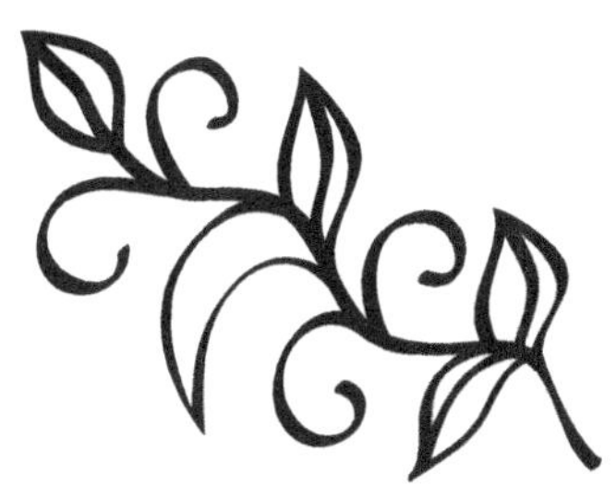
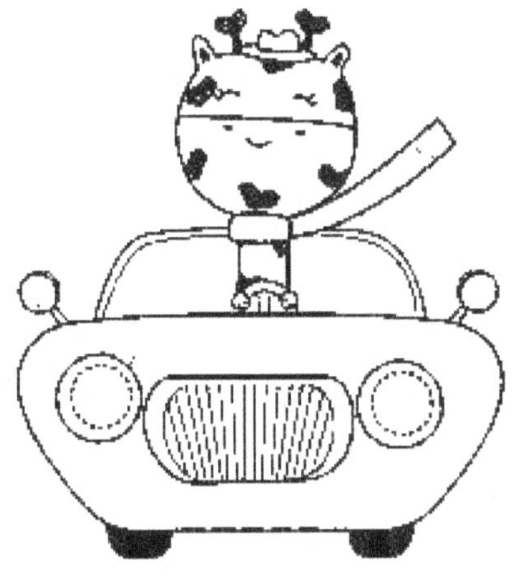
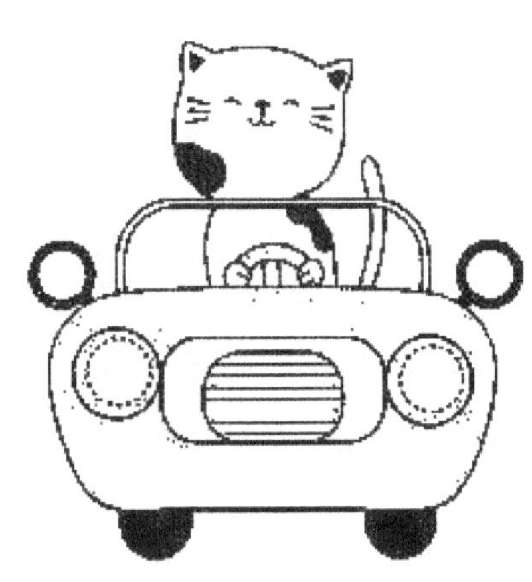
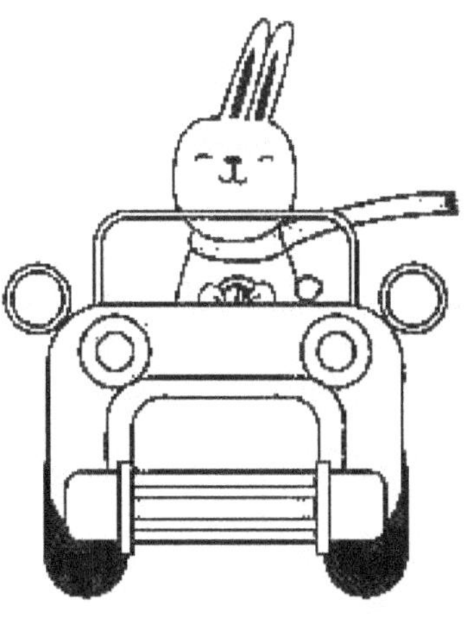
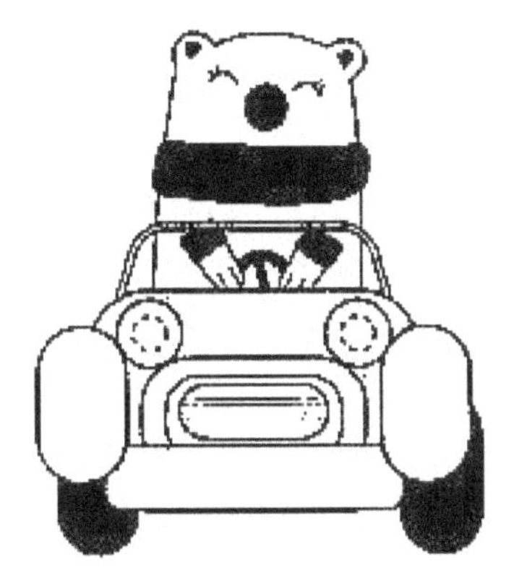
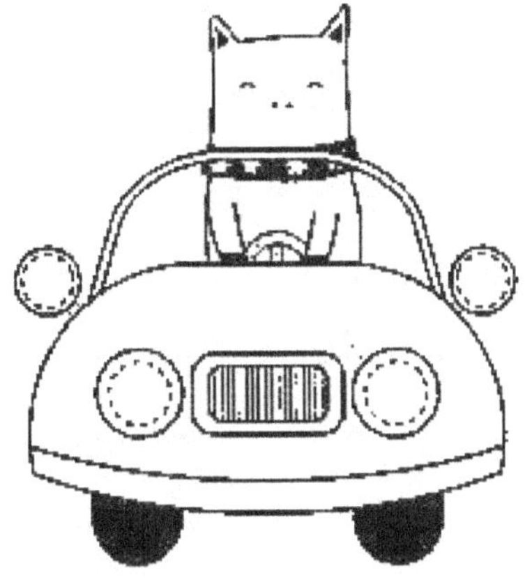
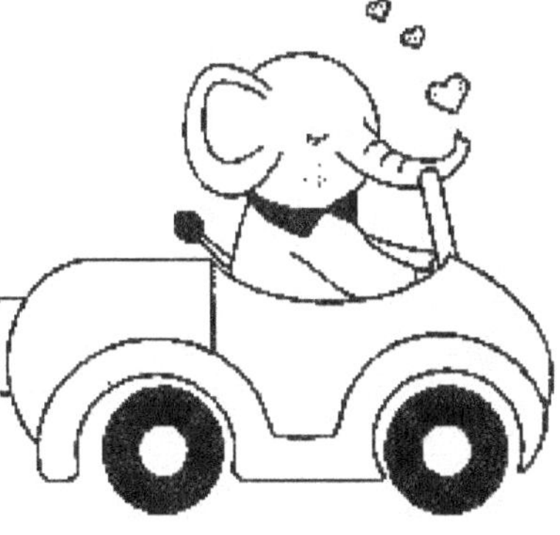
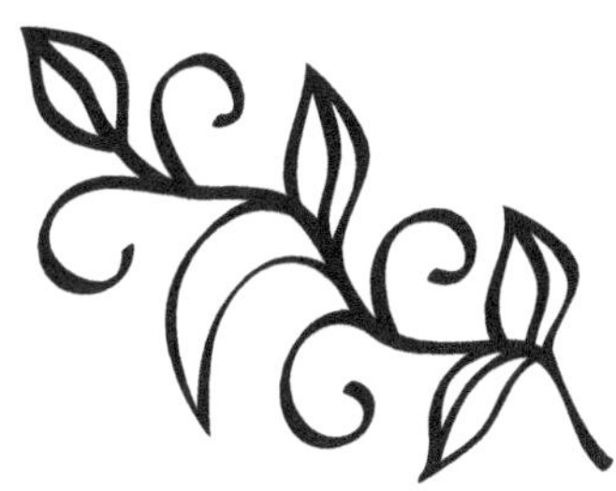
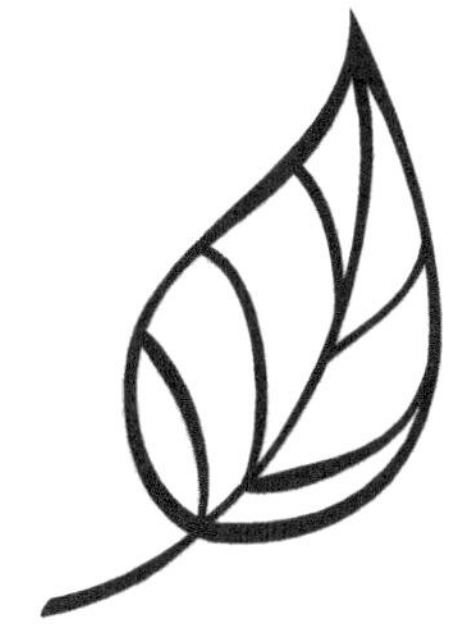
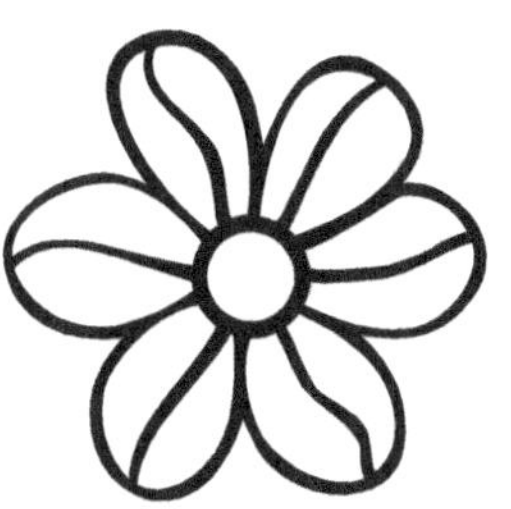

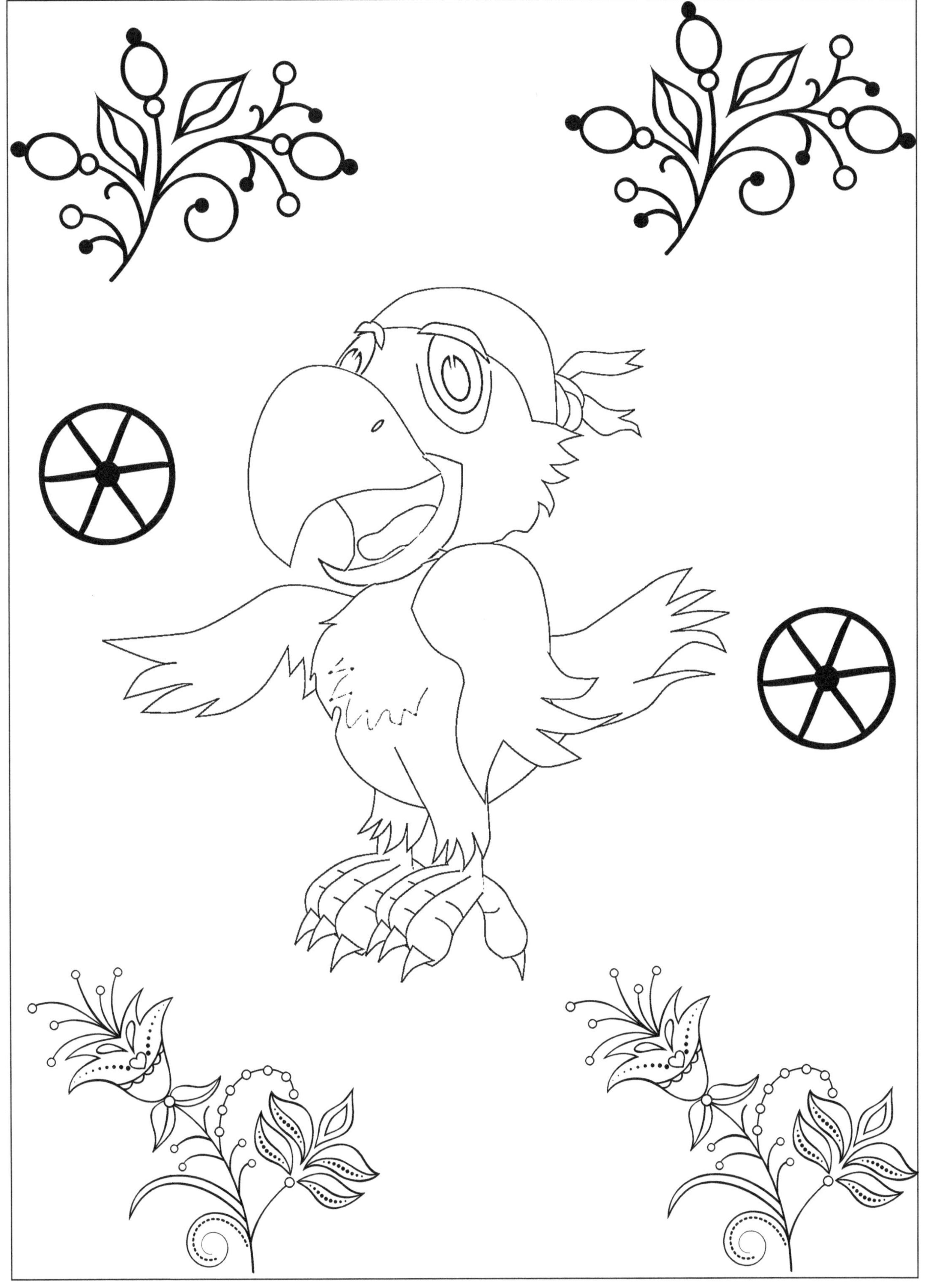

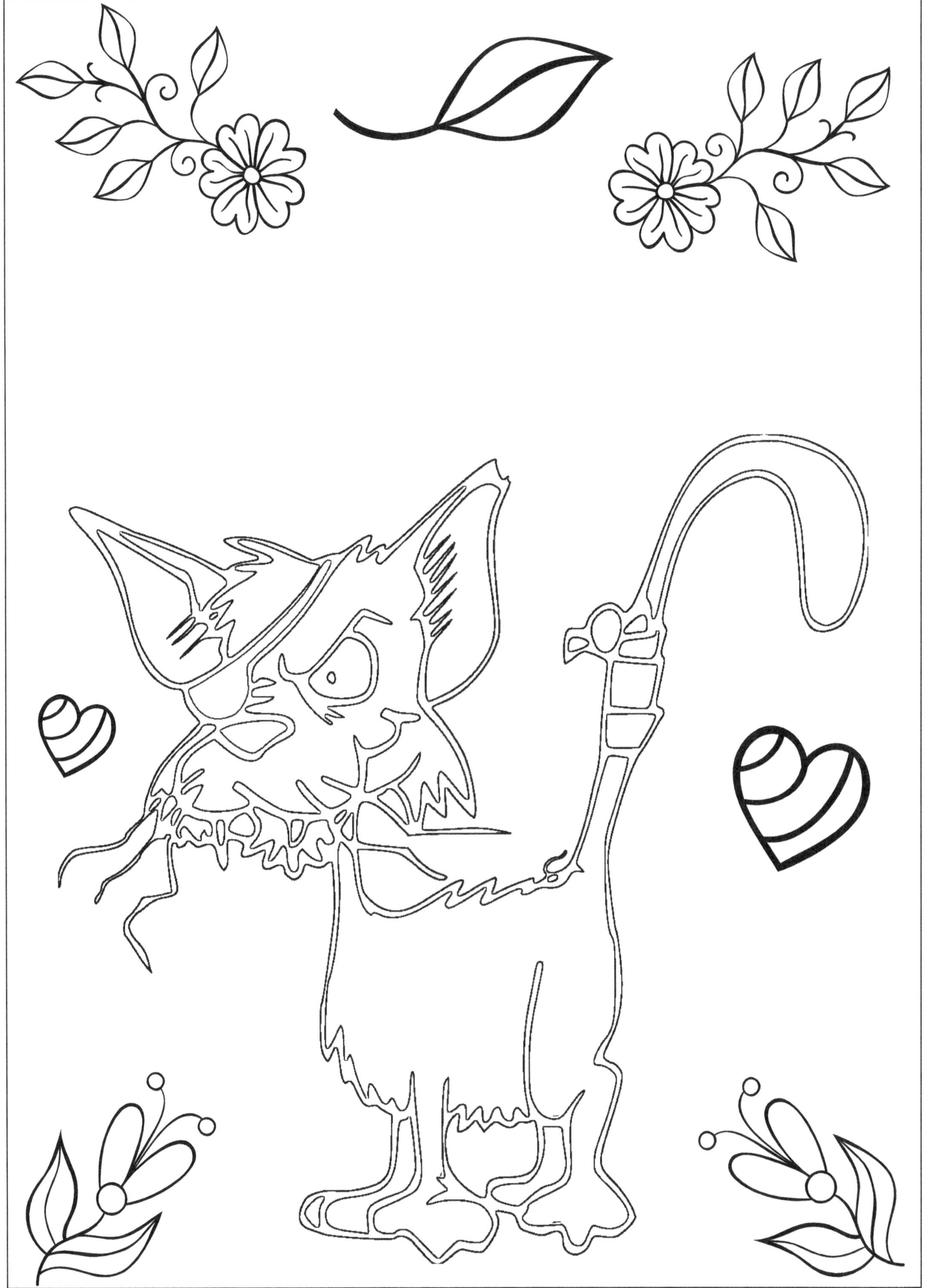

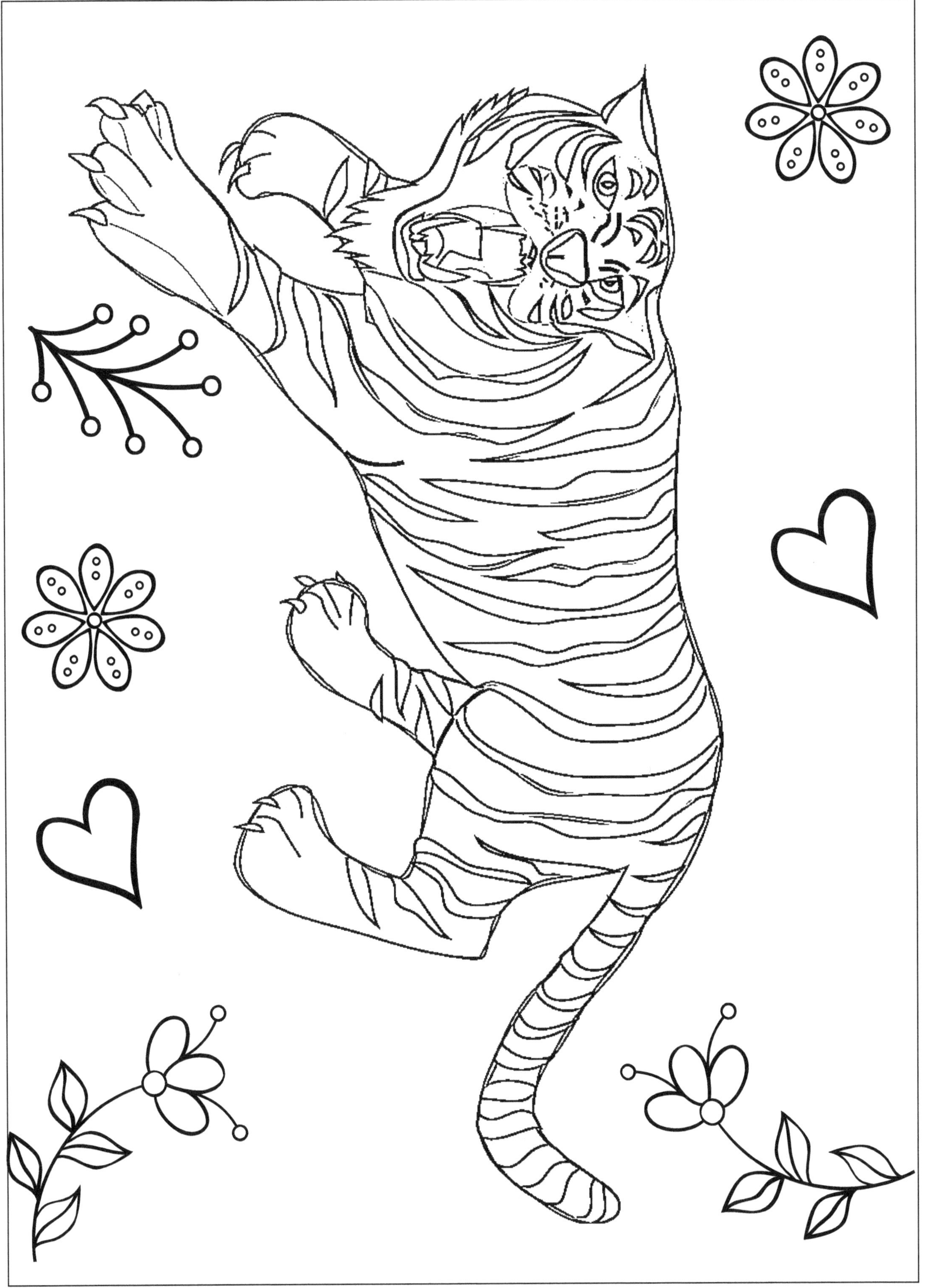

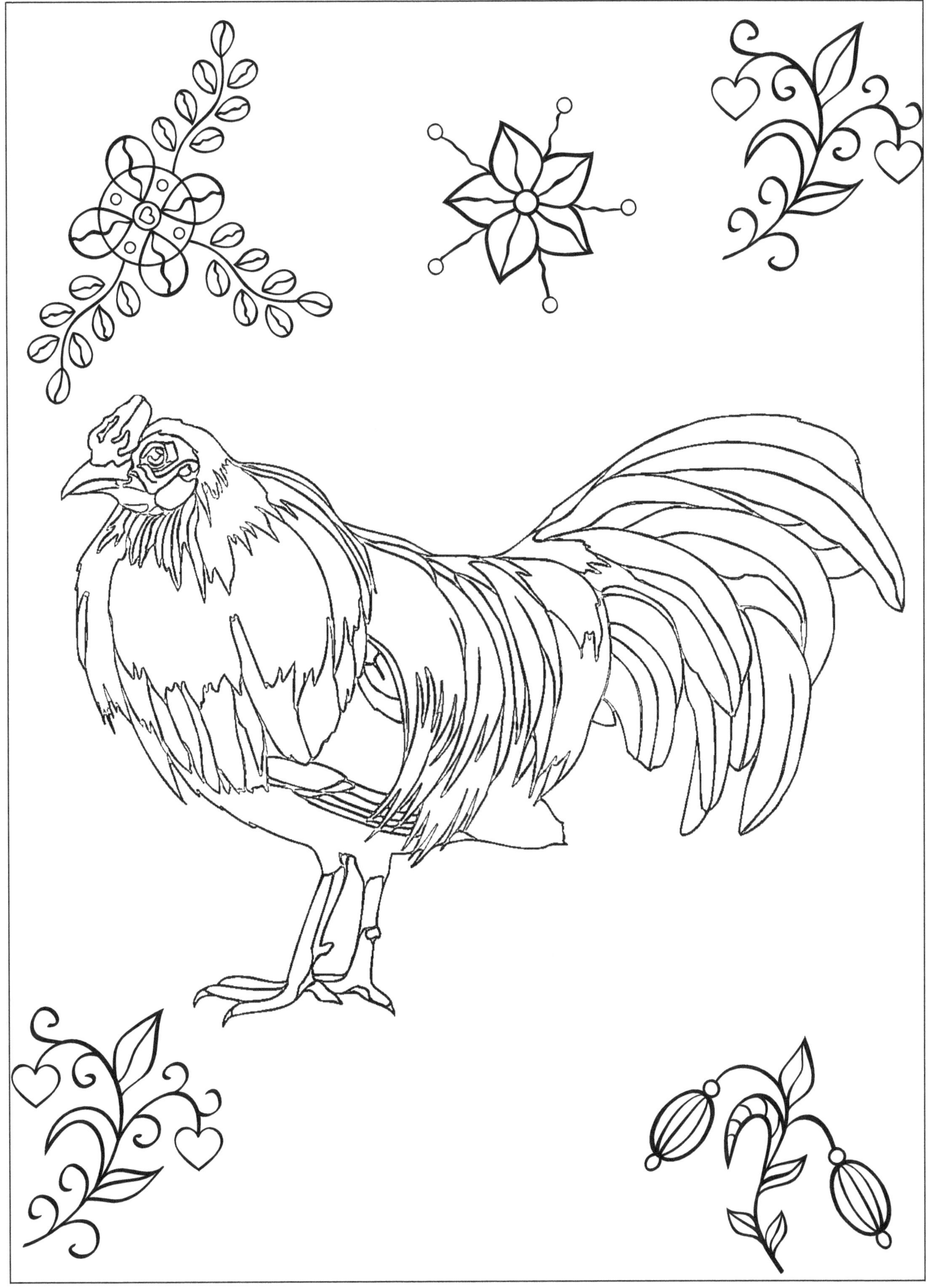

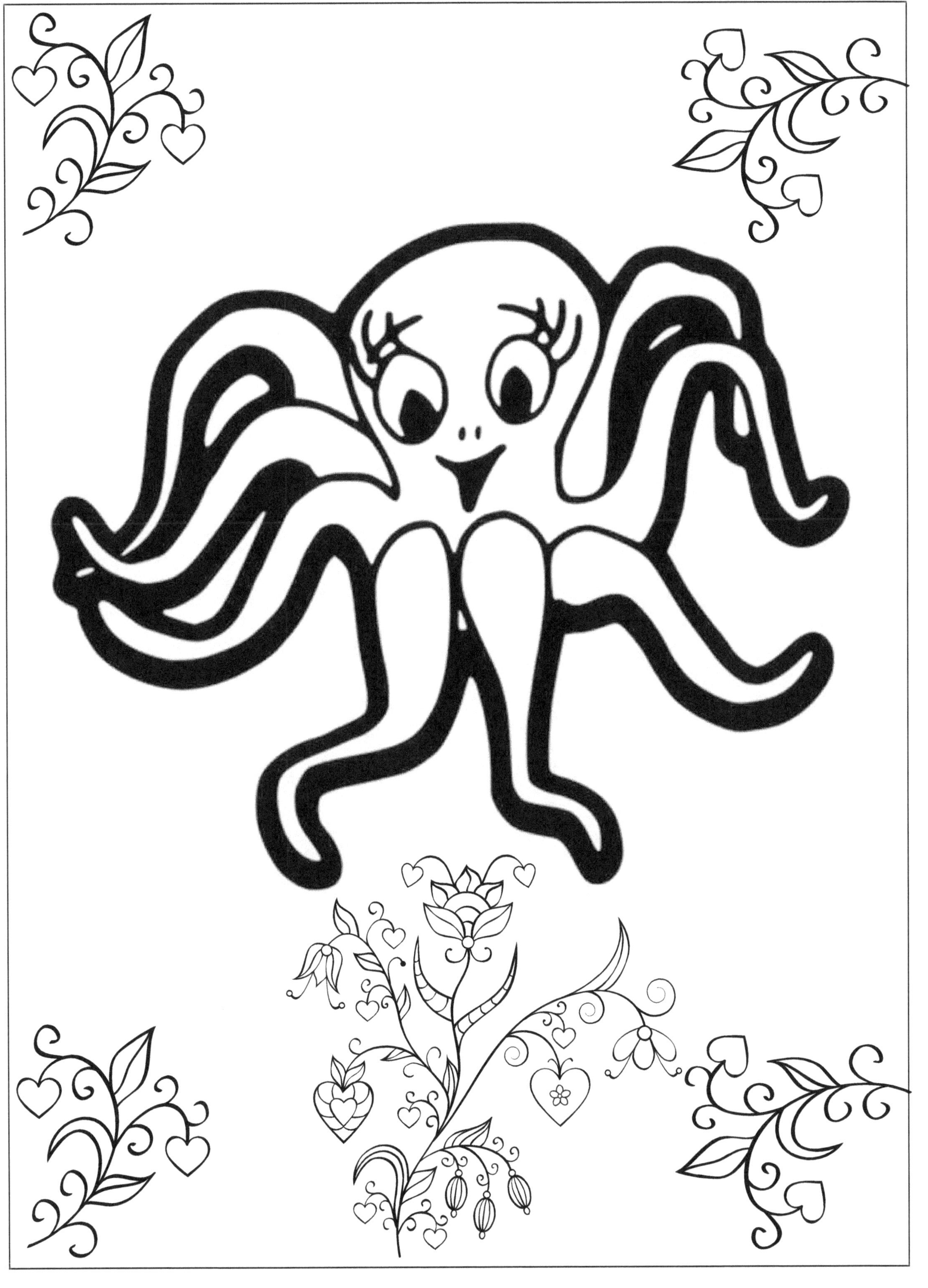

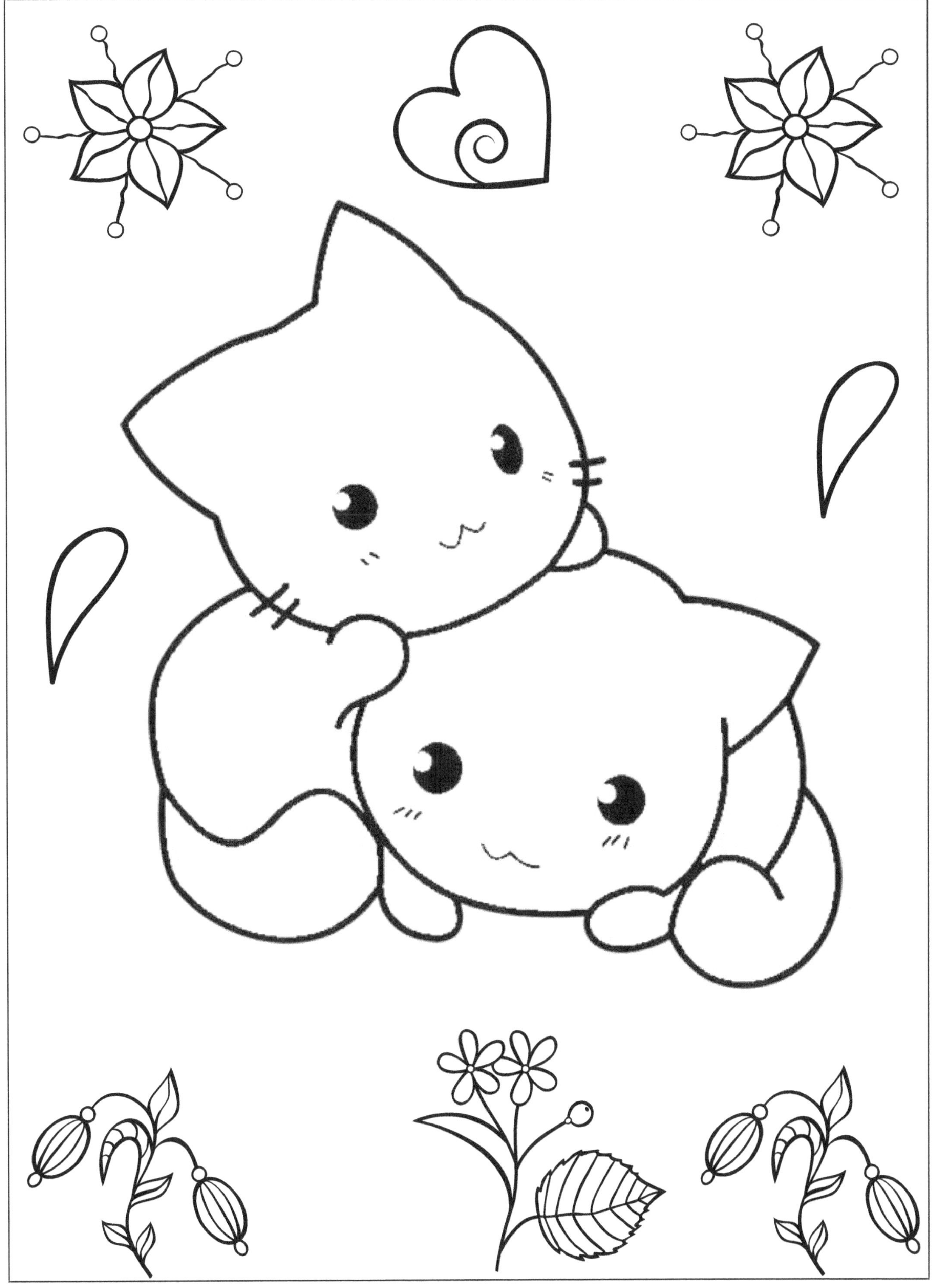

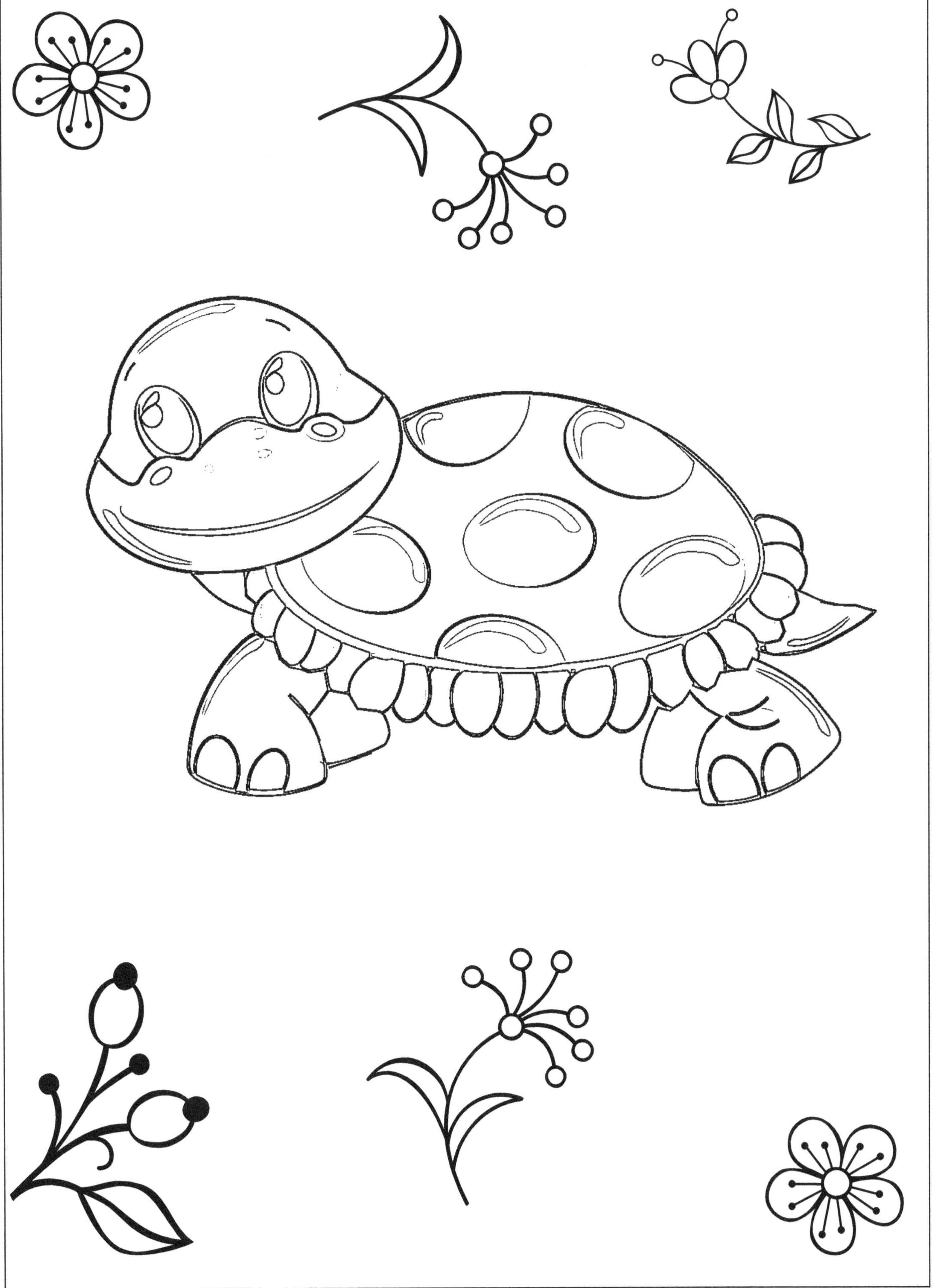

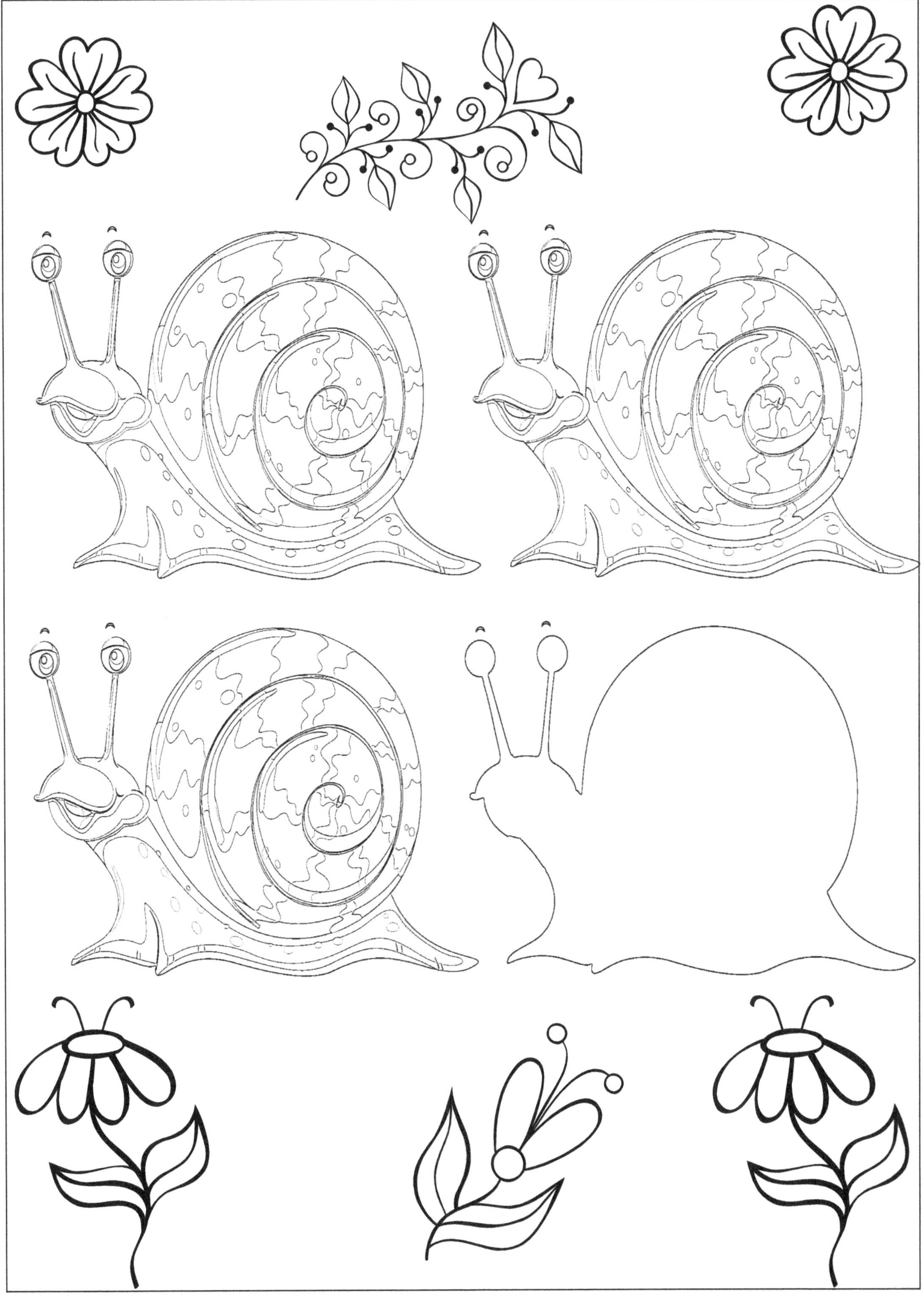

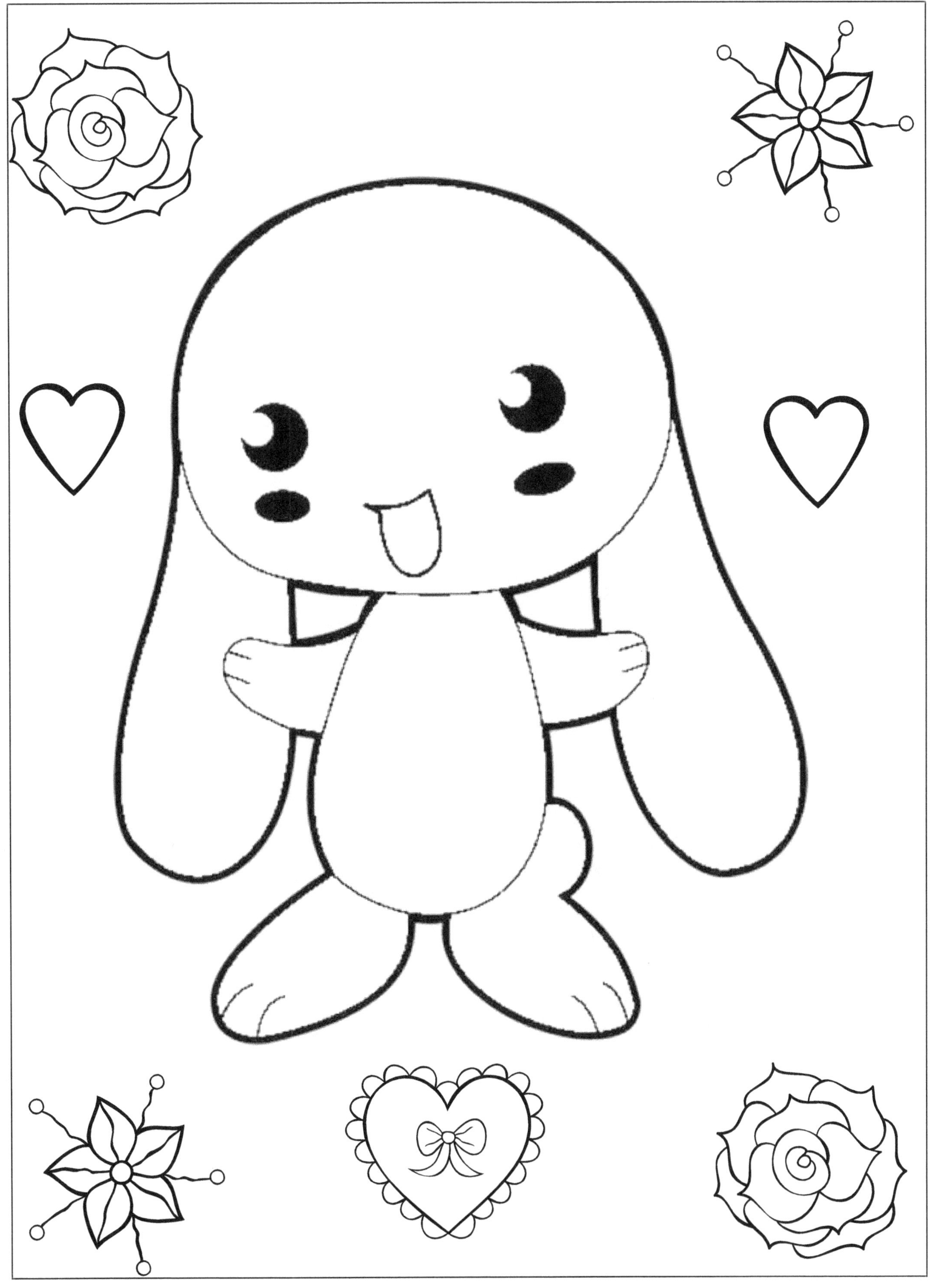

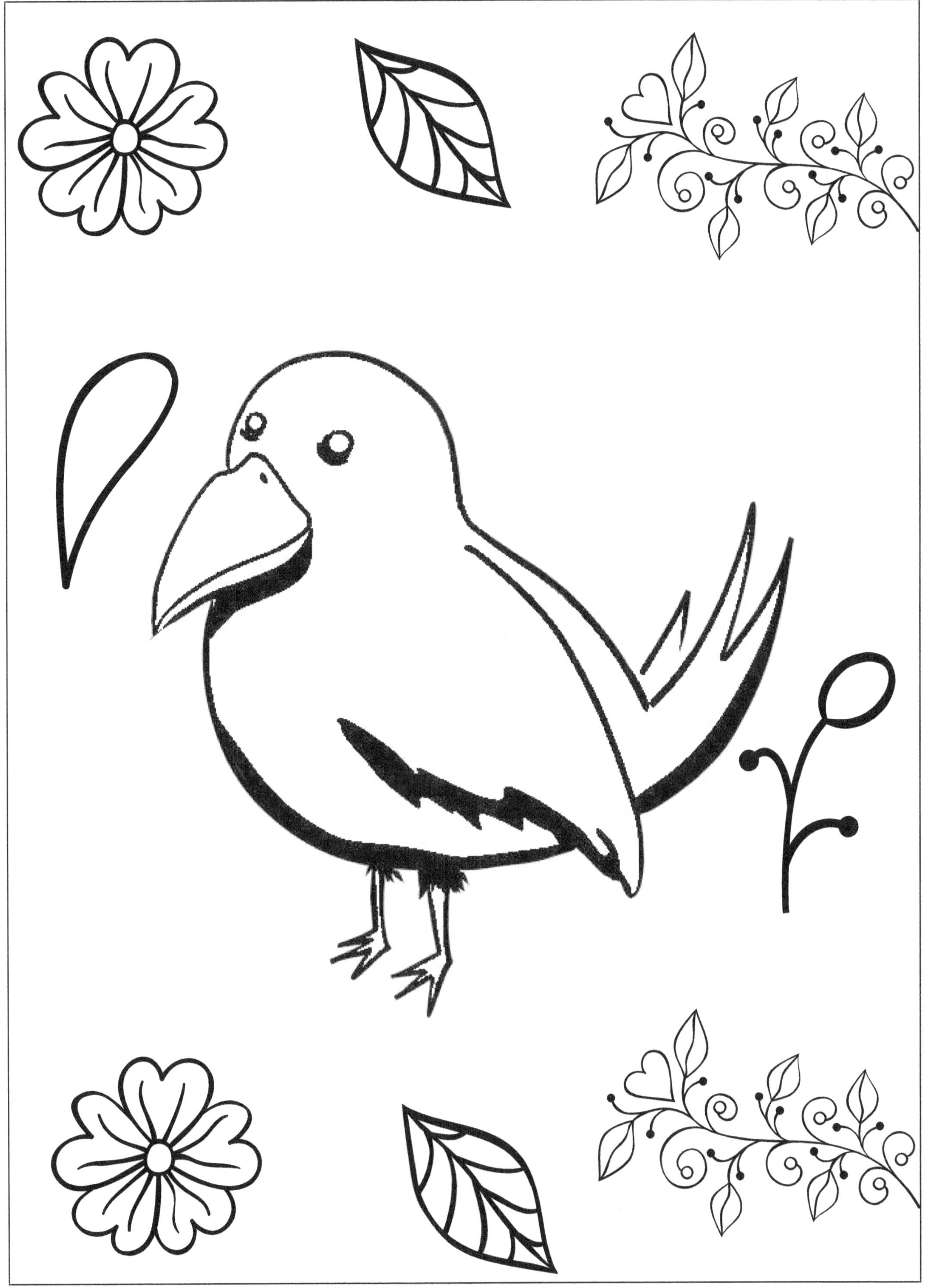

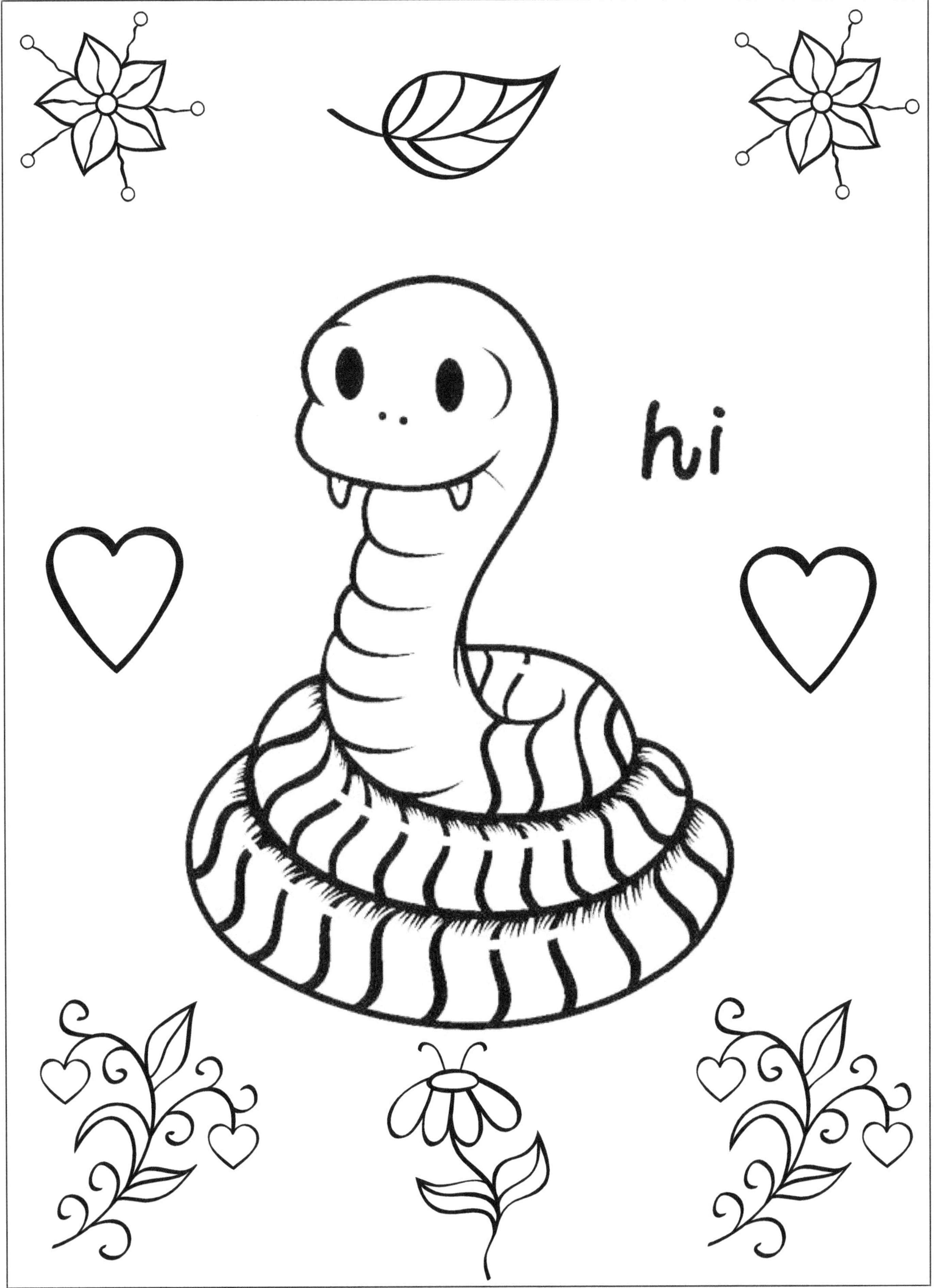
hi

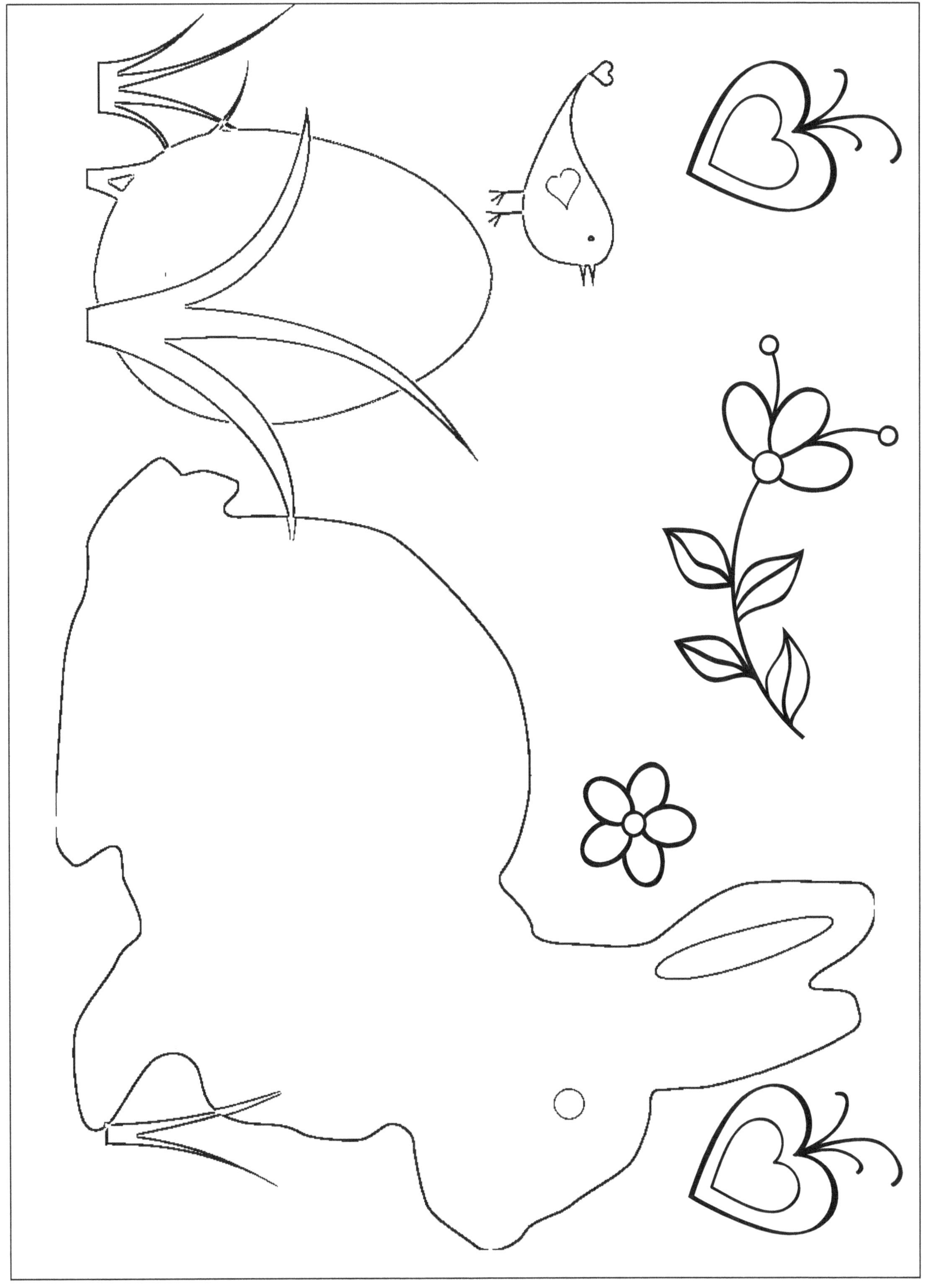

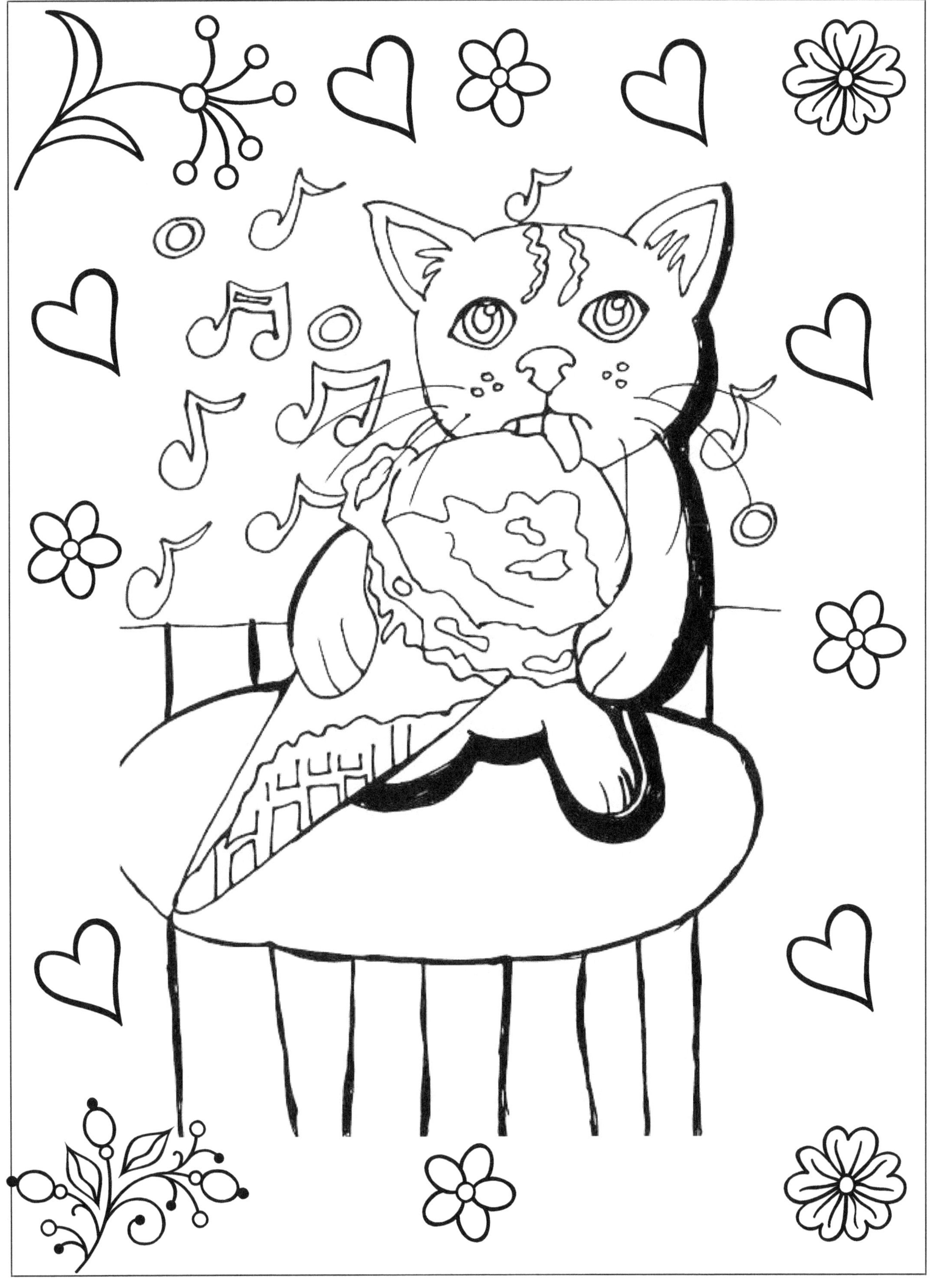

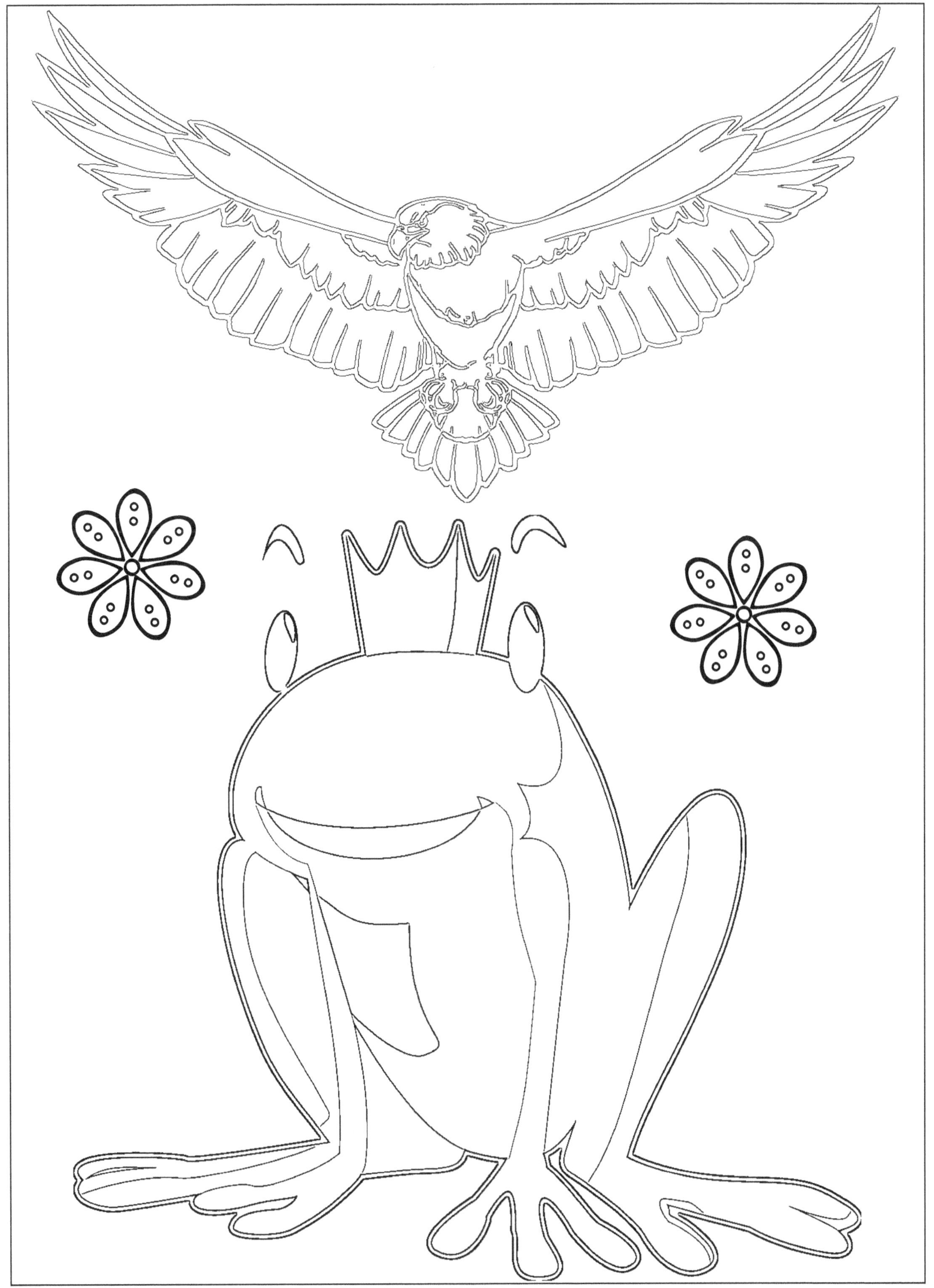

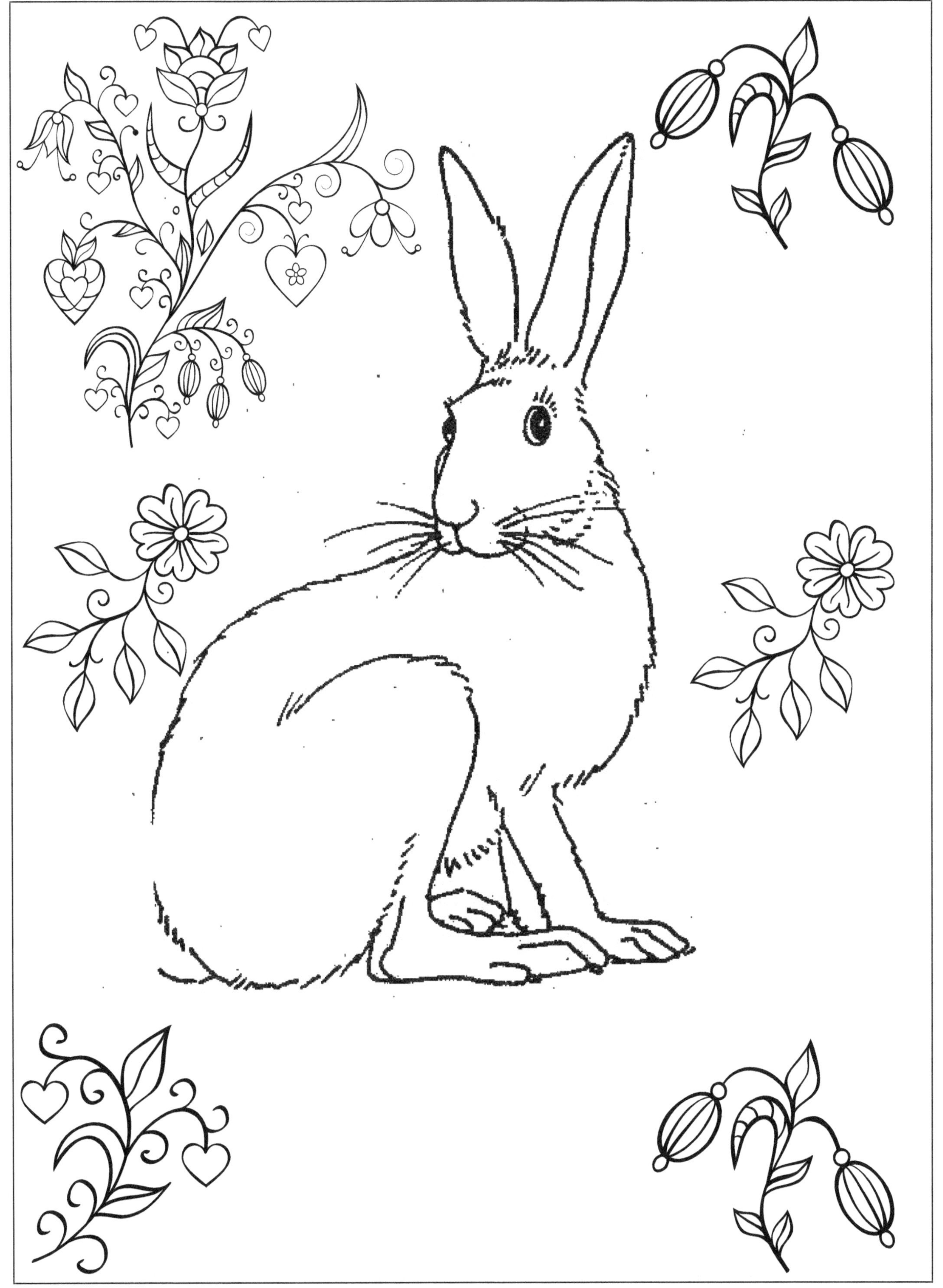

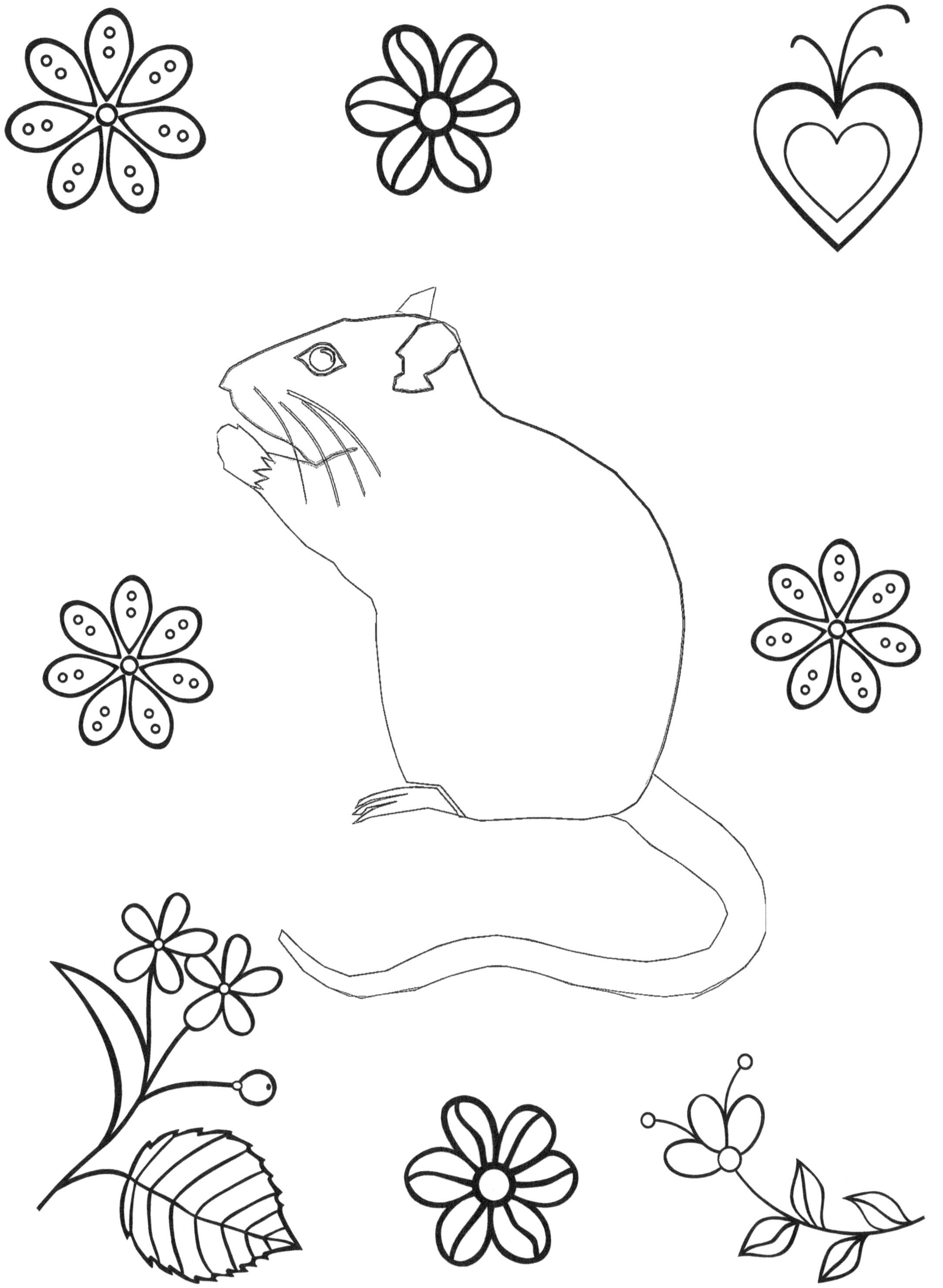

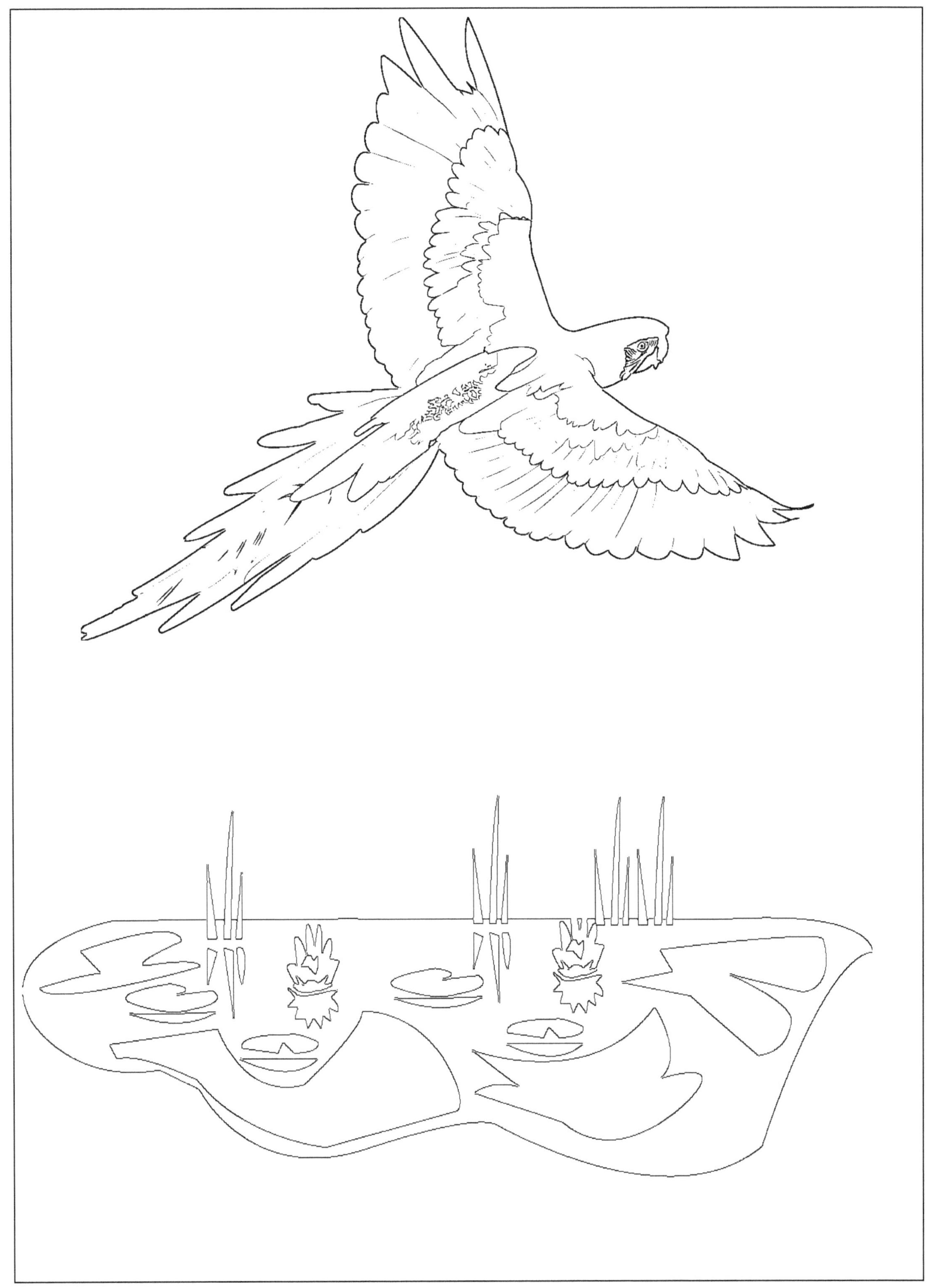

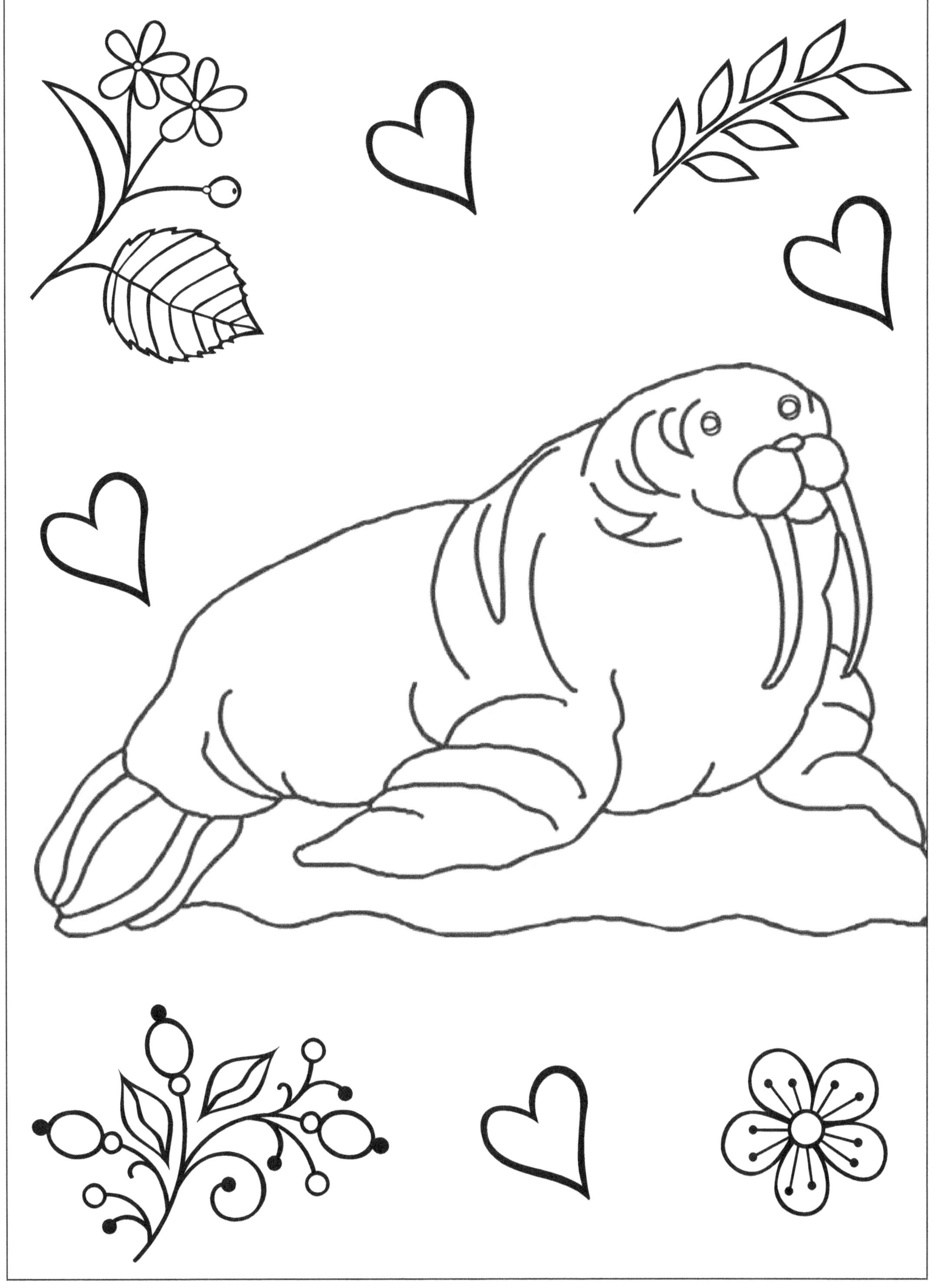

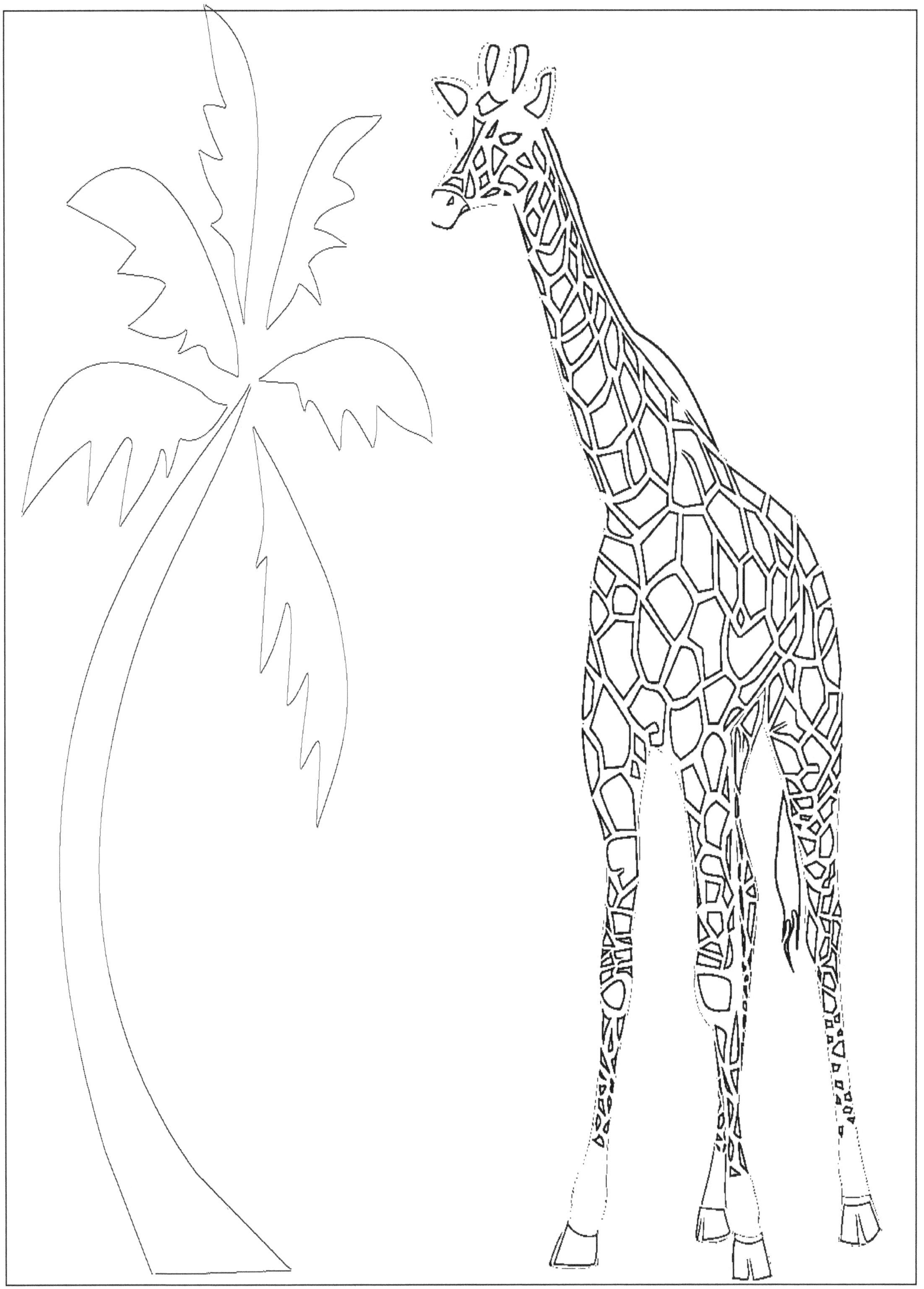

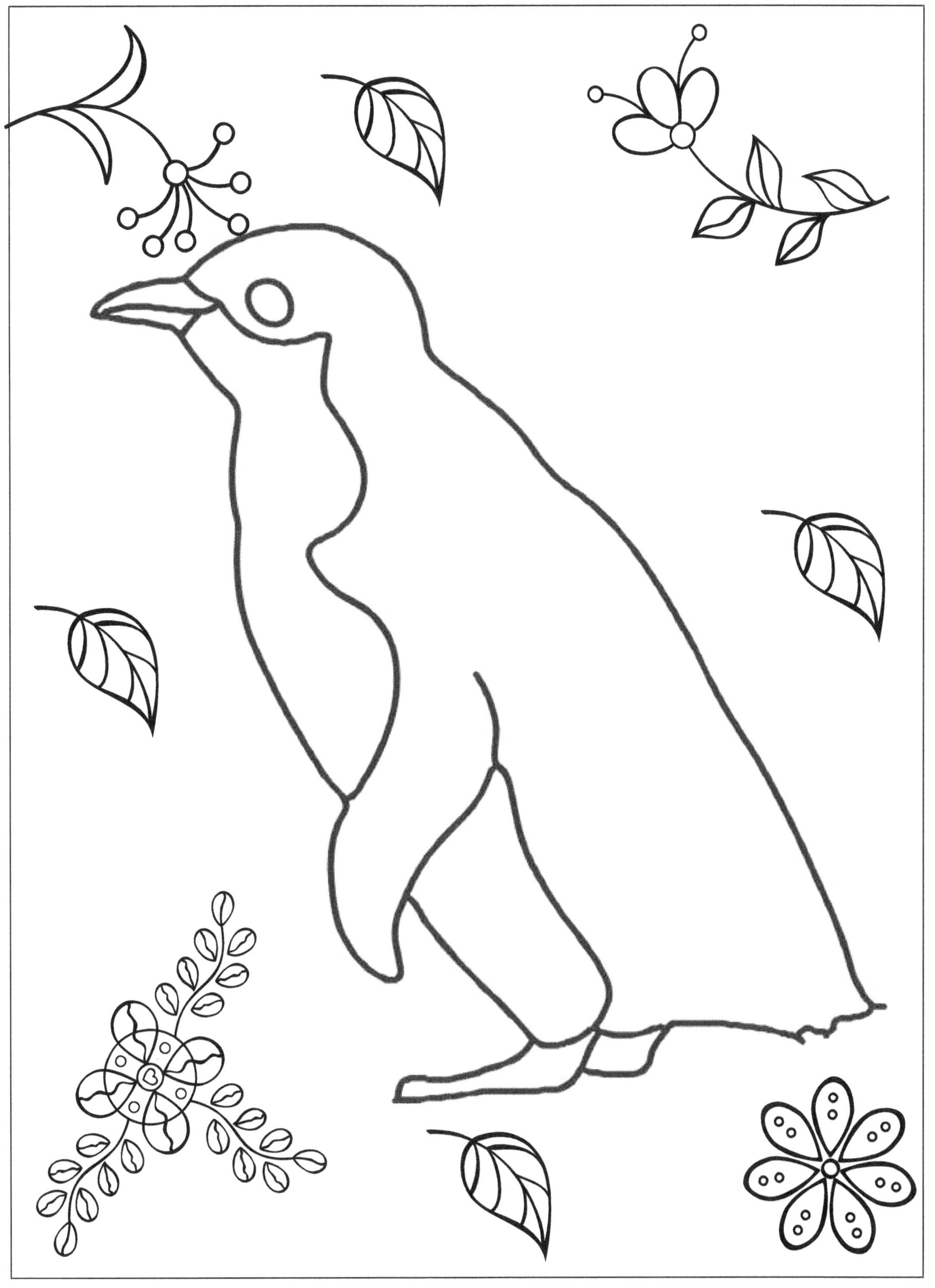

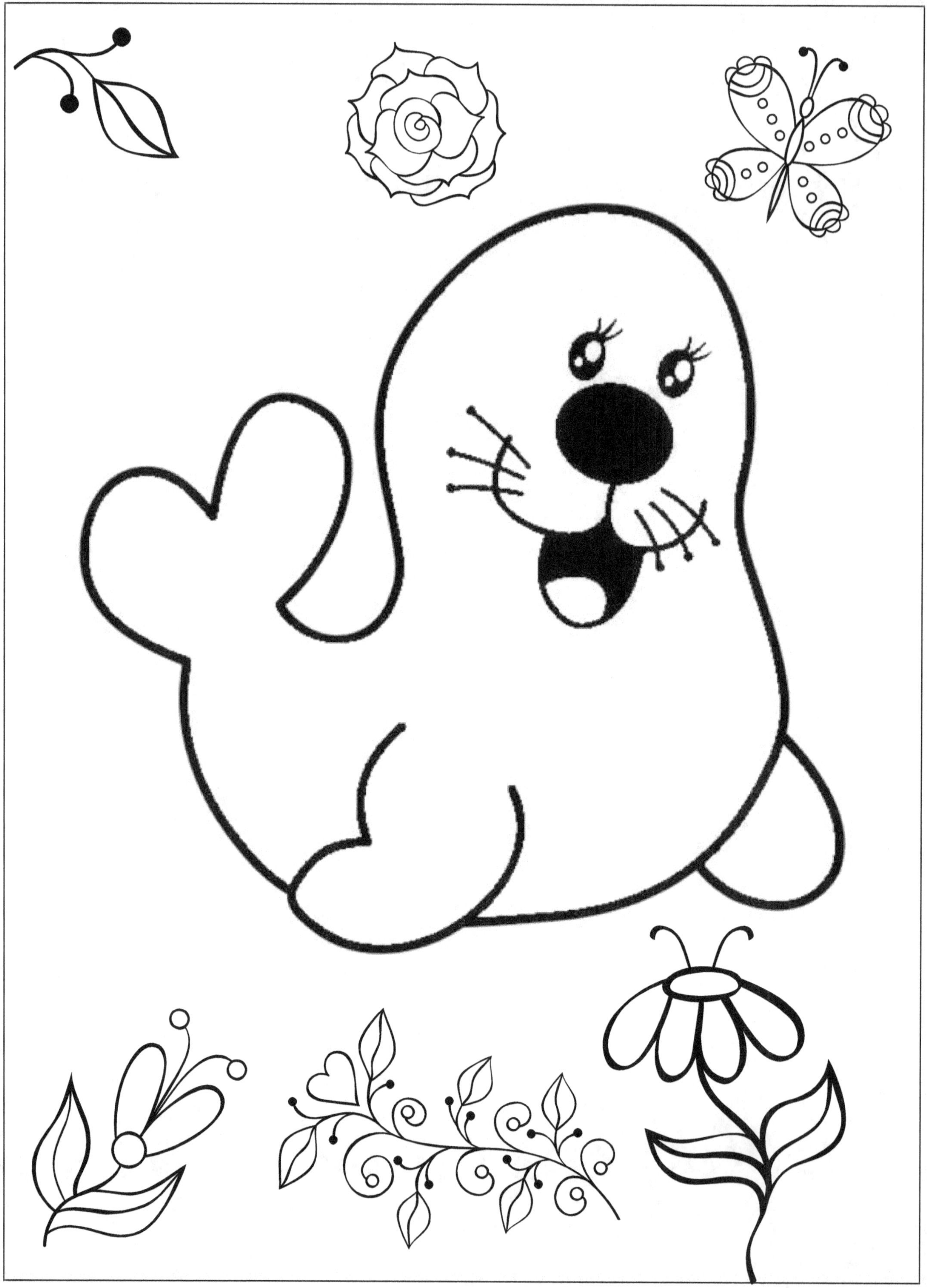

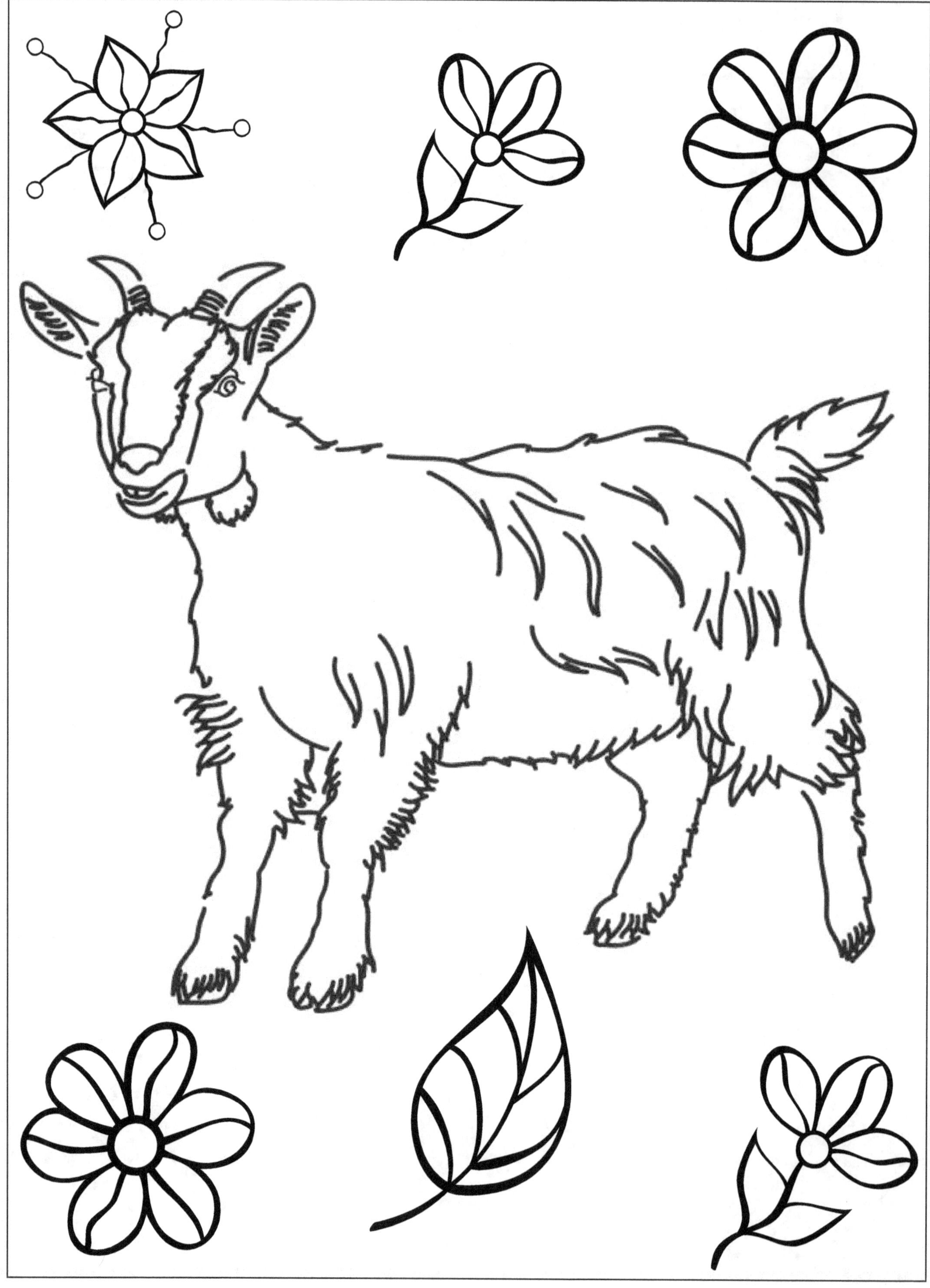

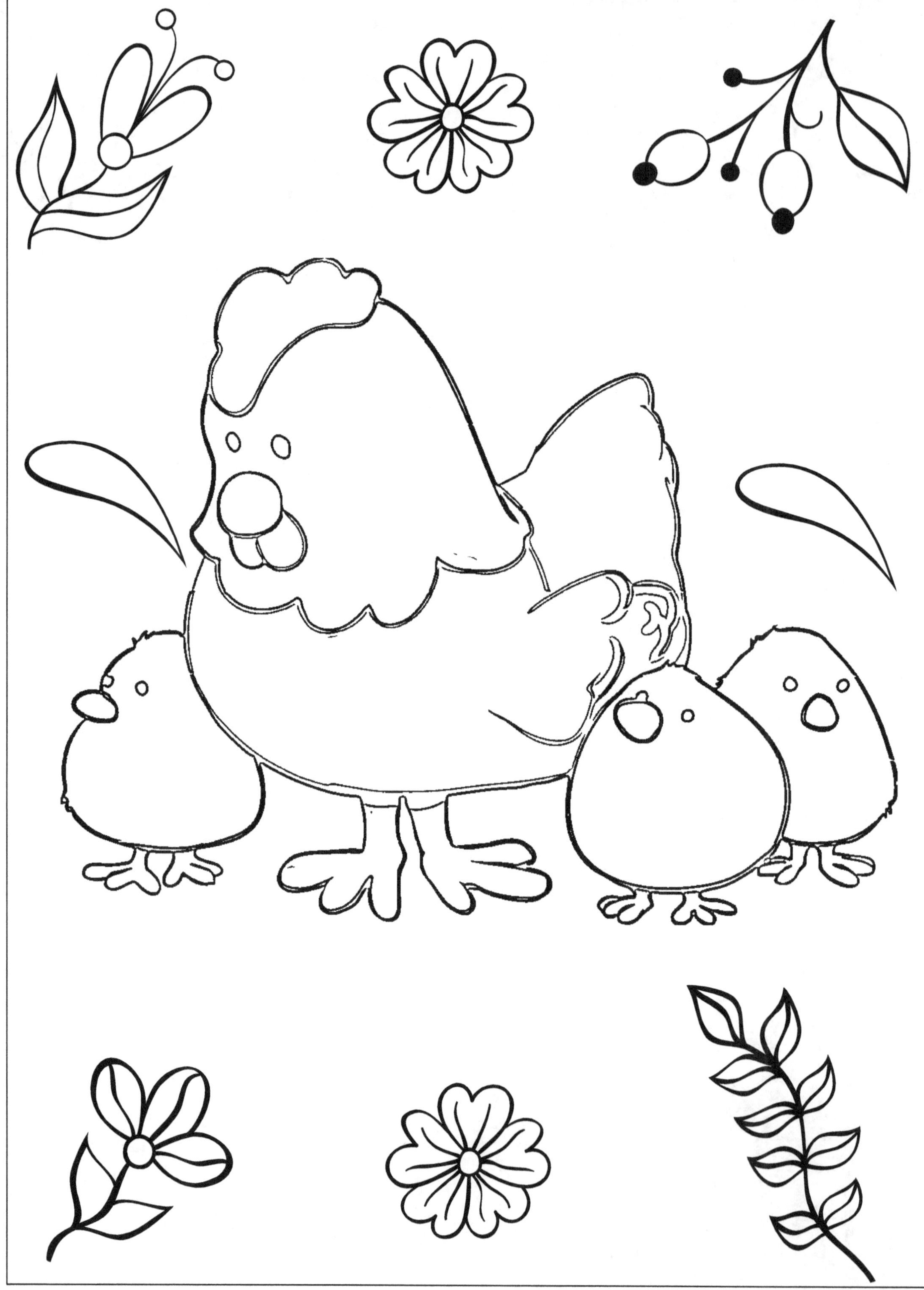

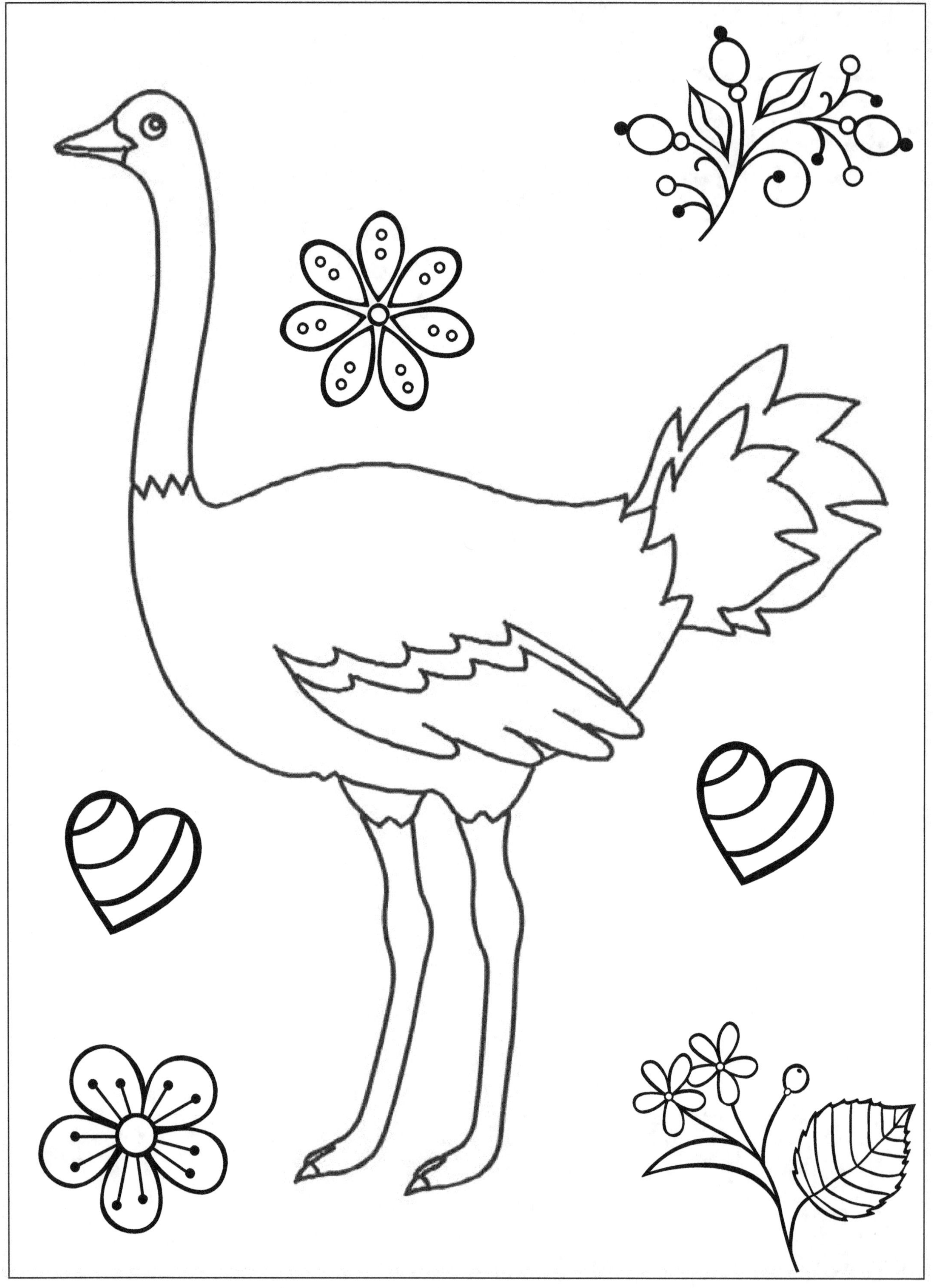

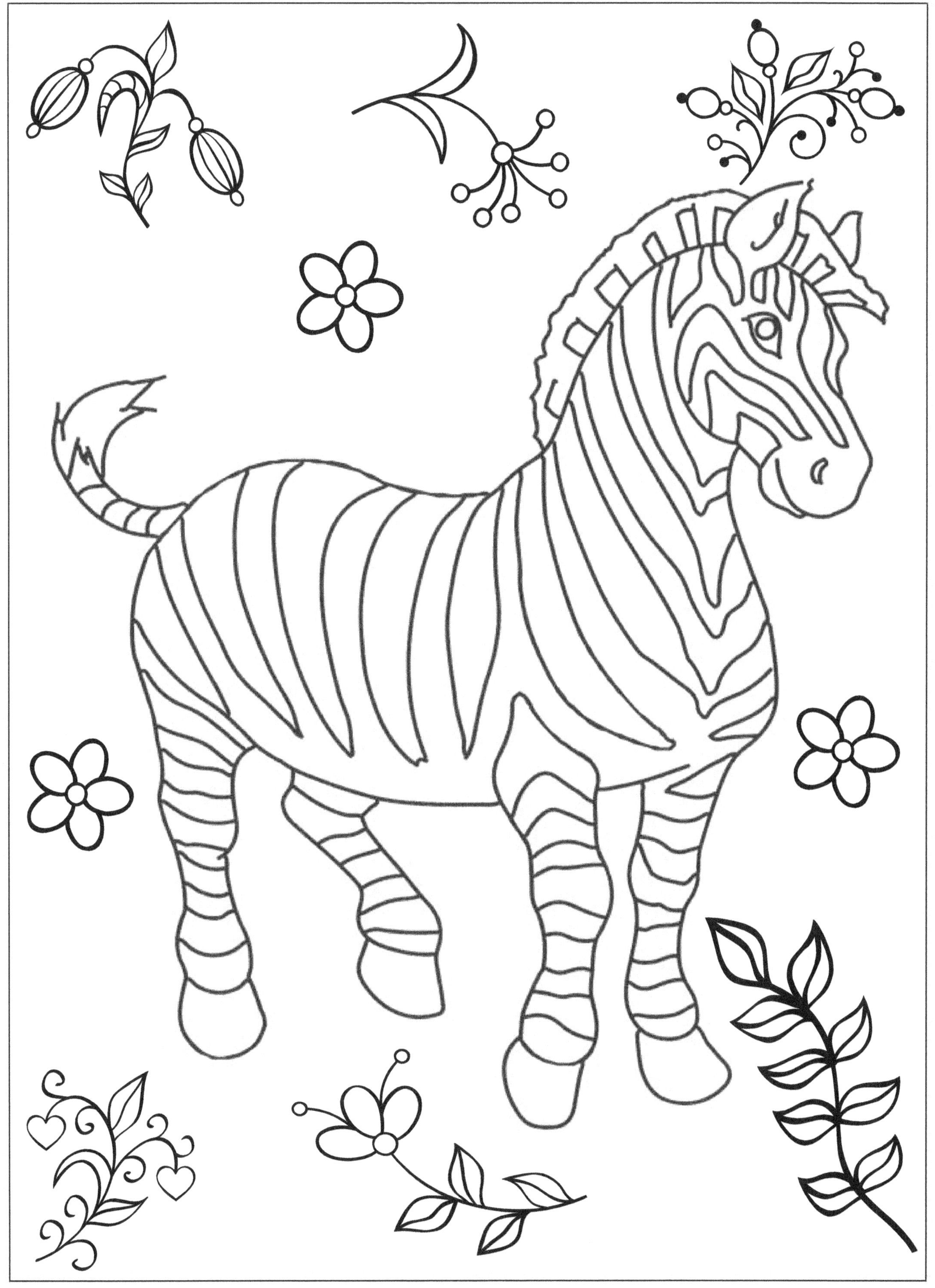

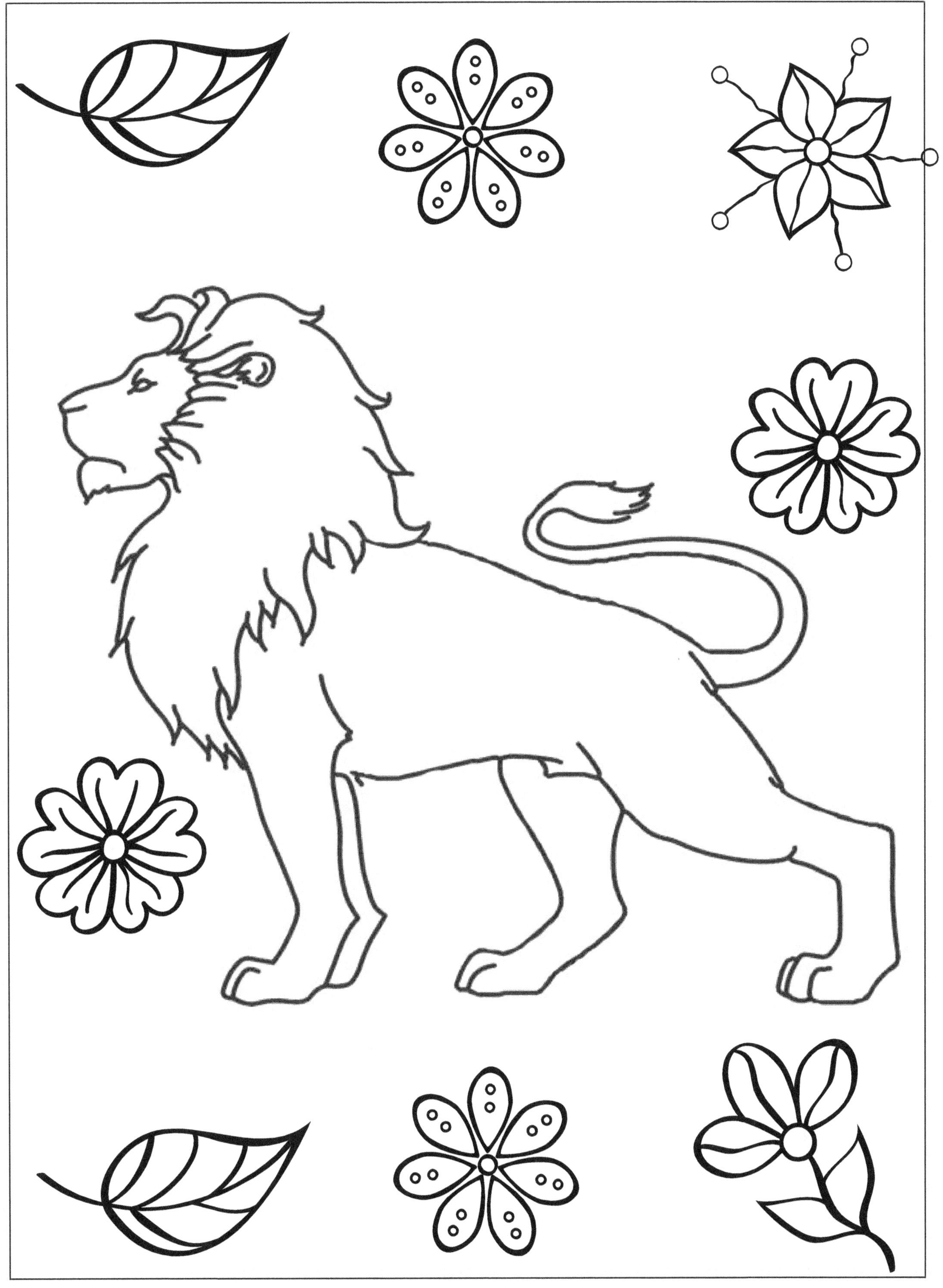

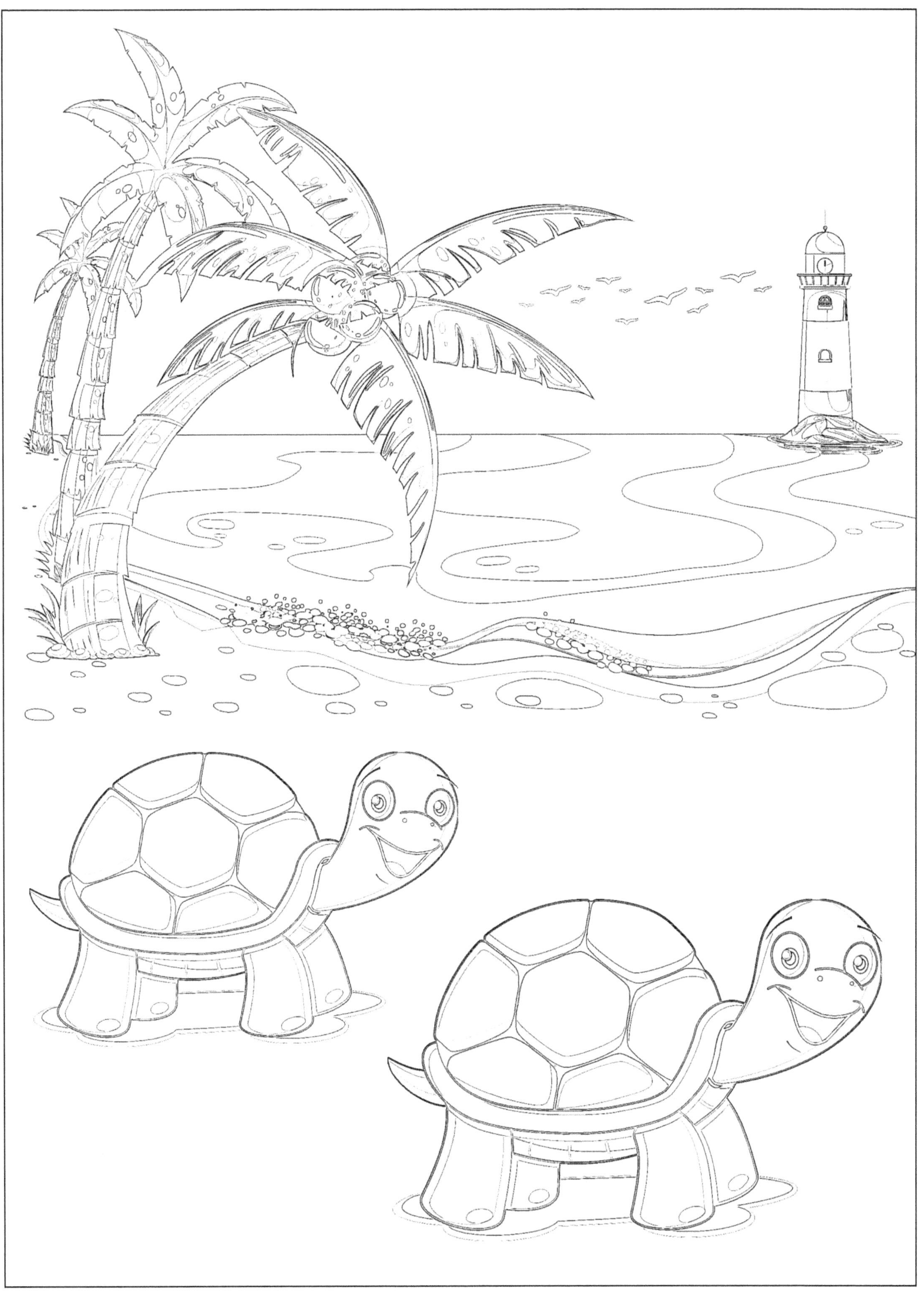

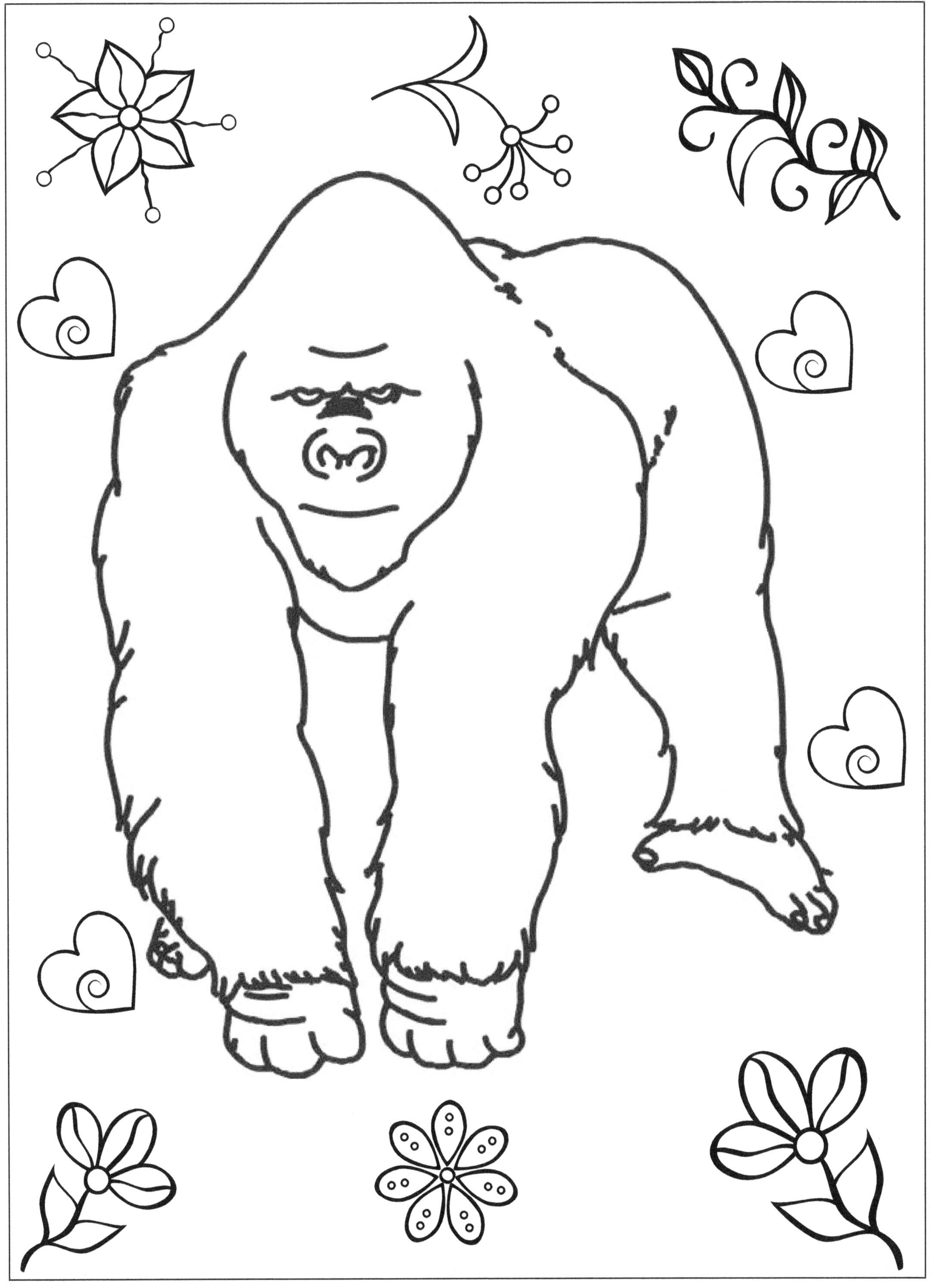

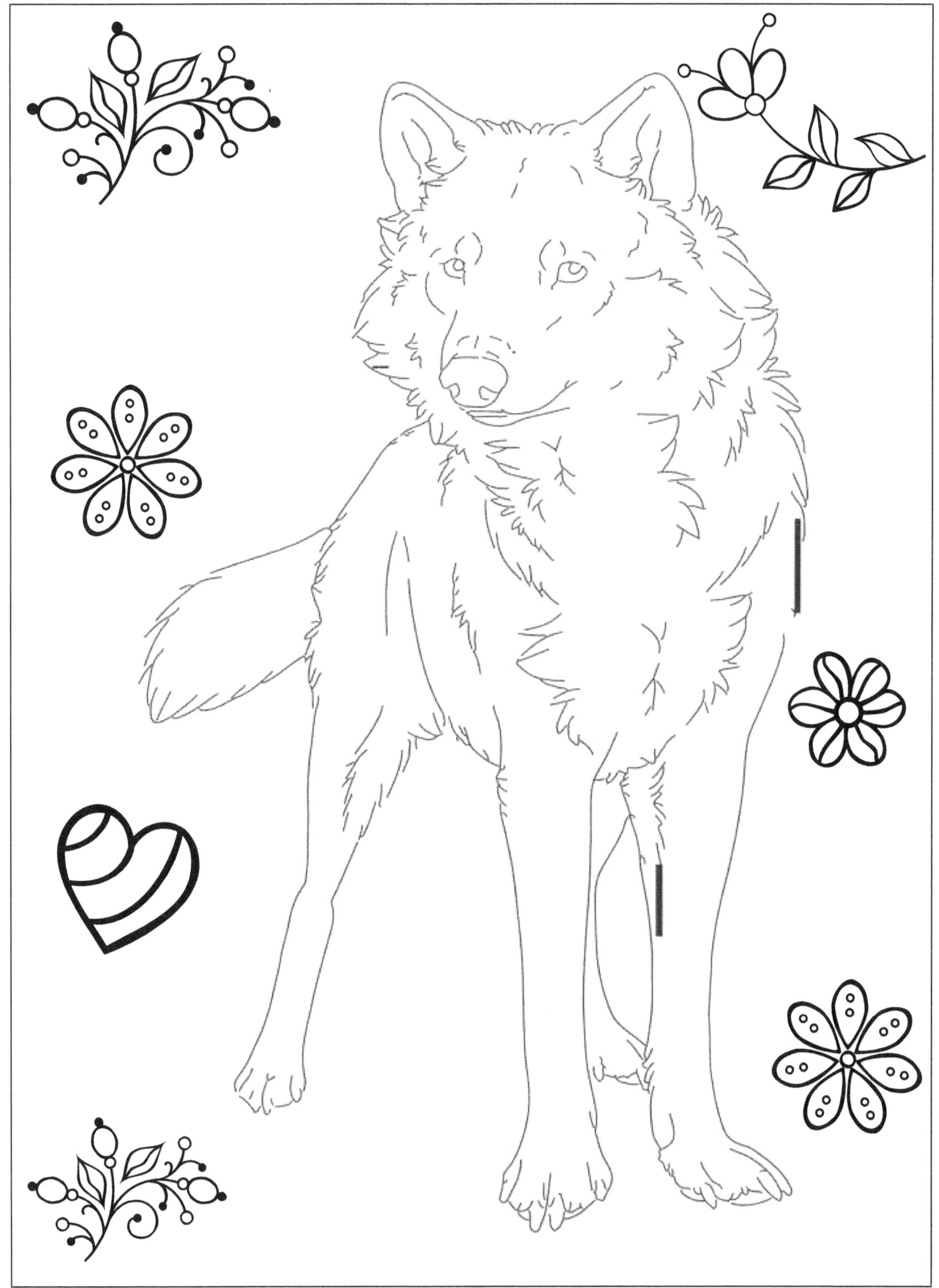

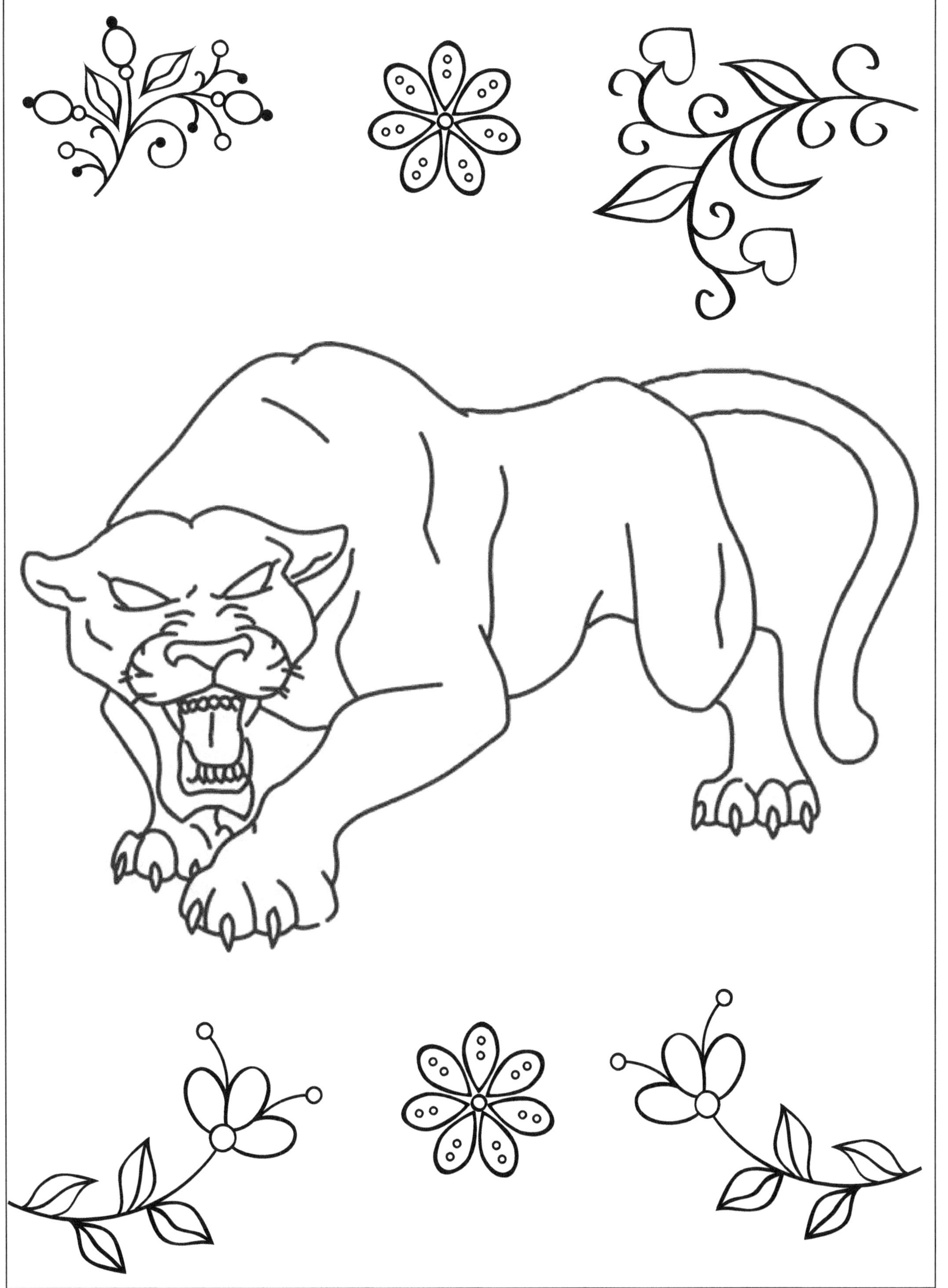

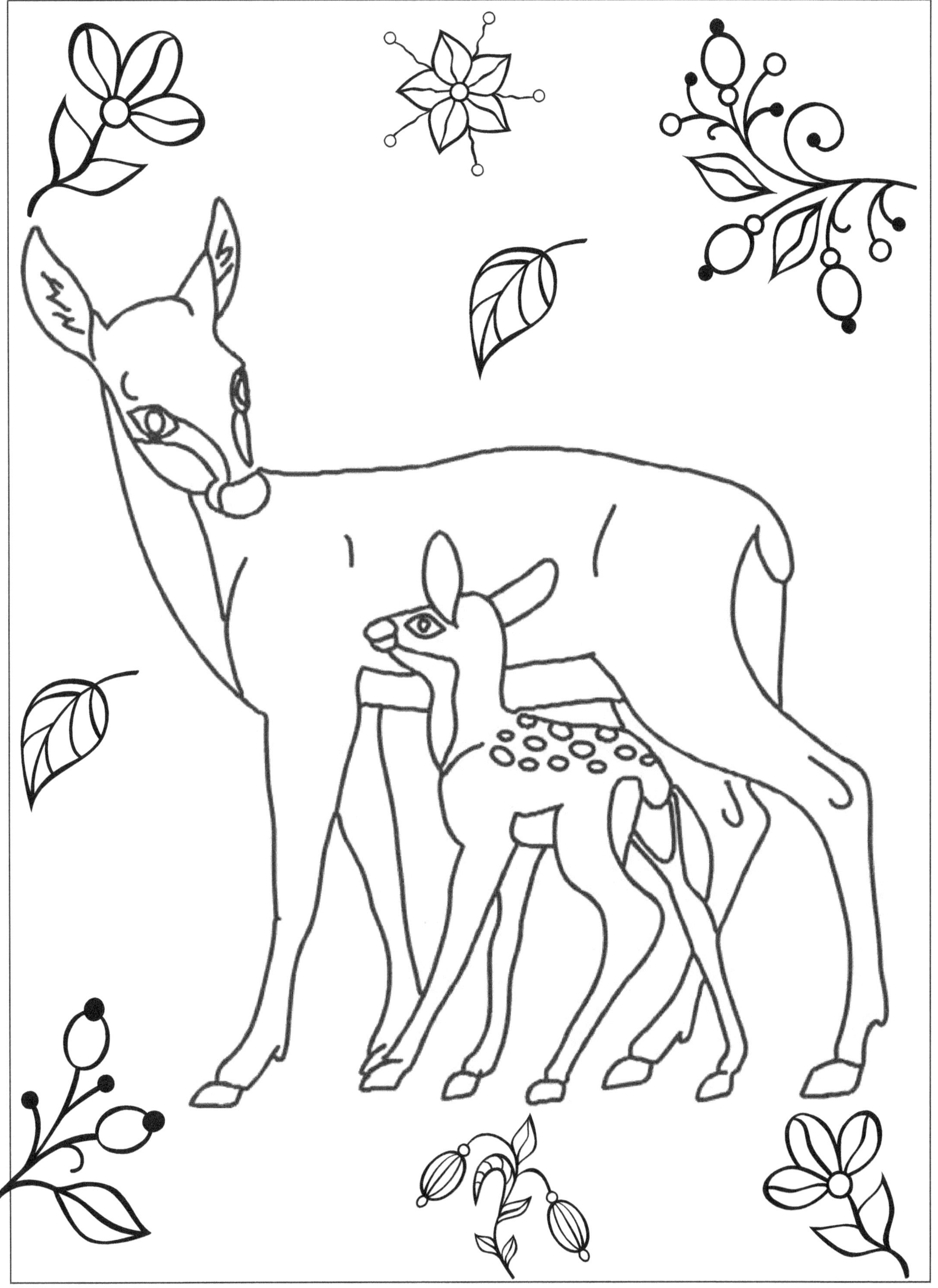

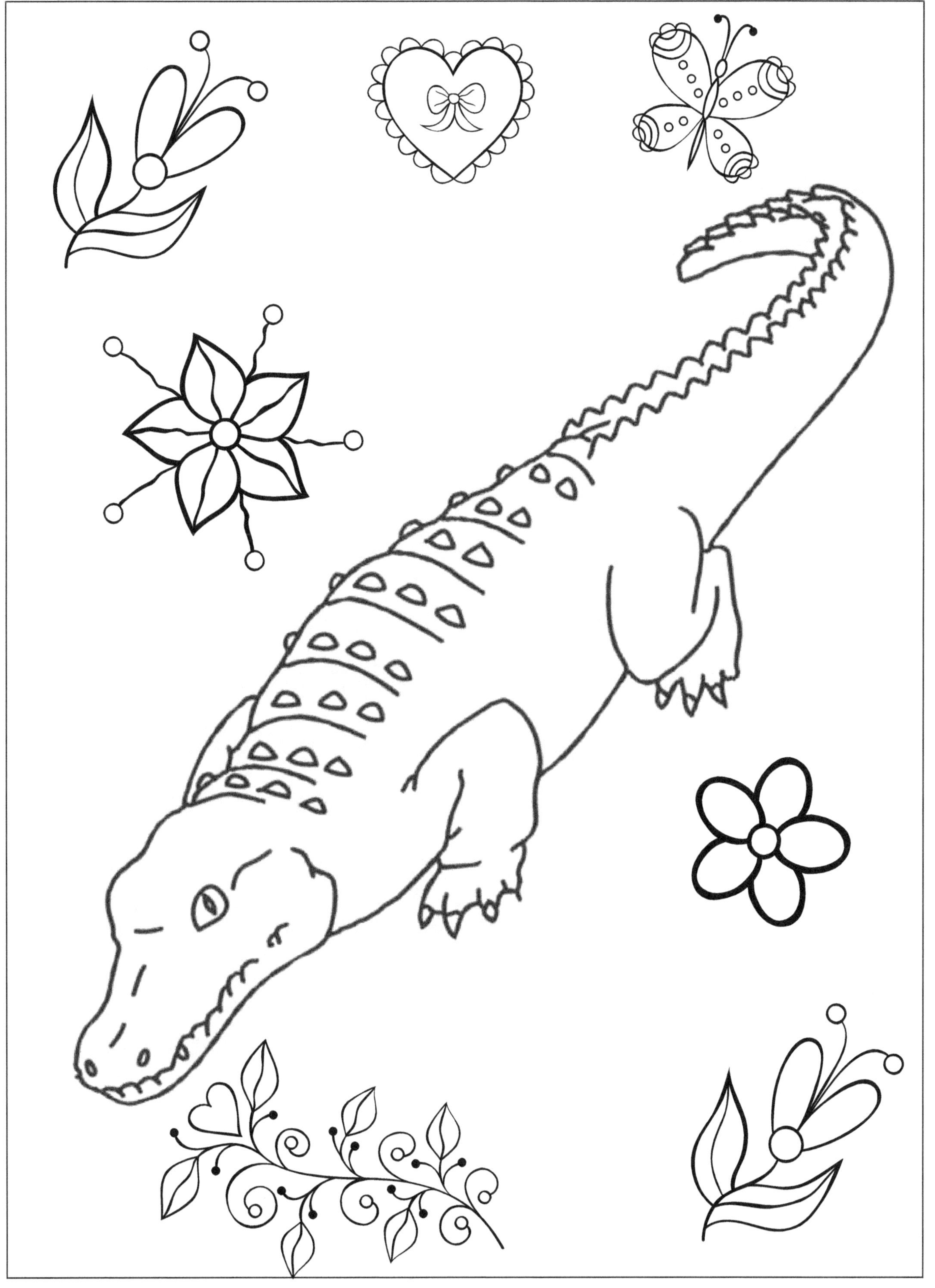

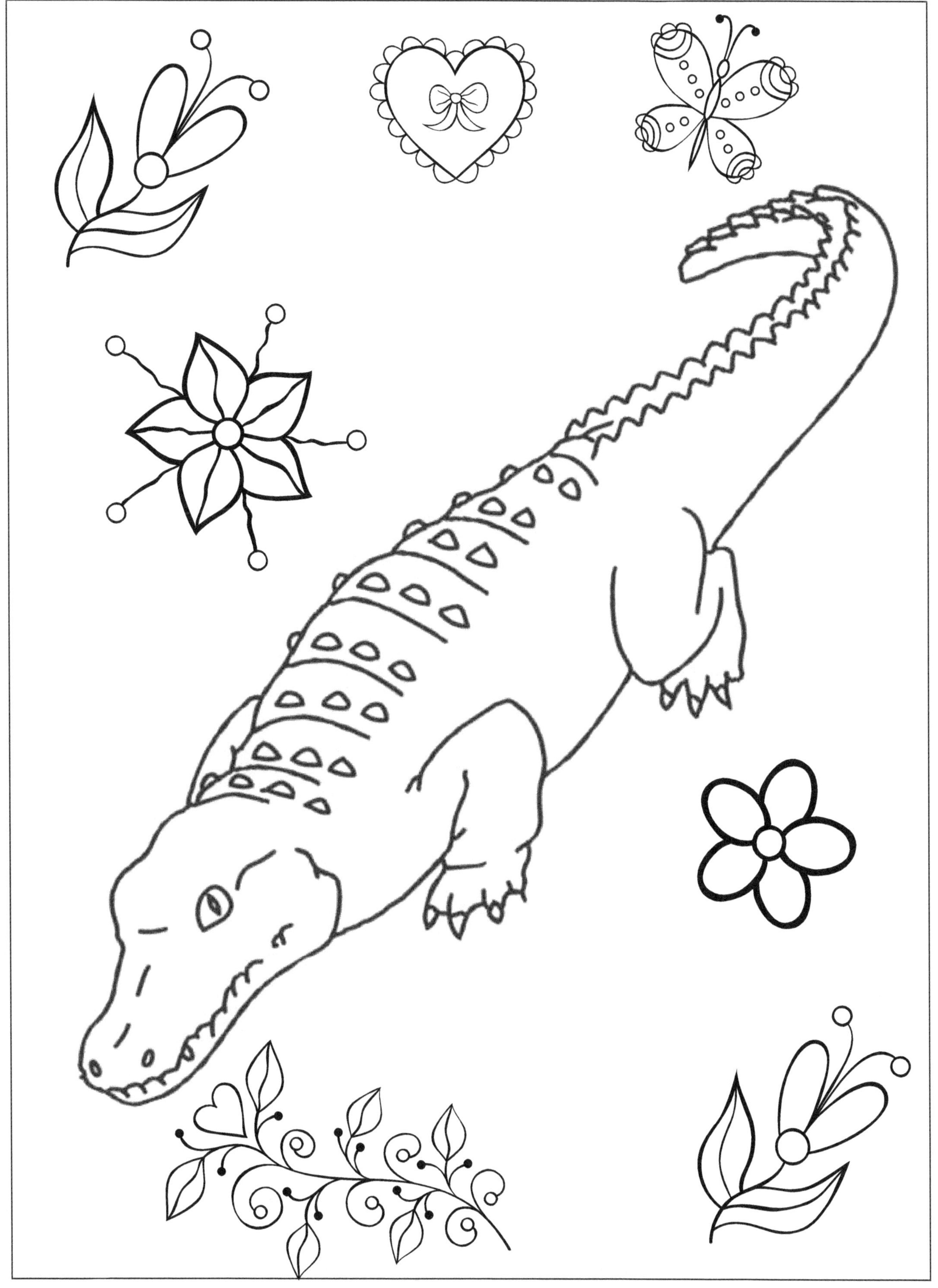

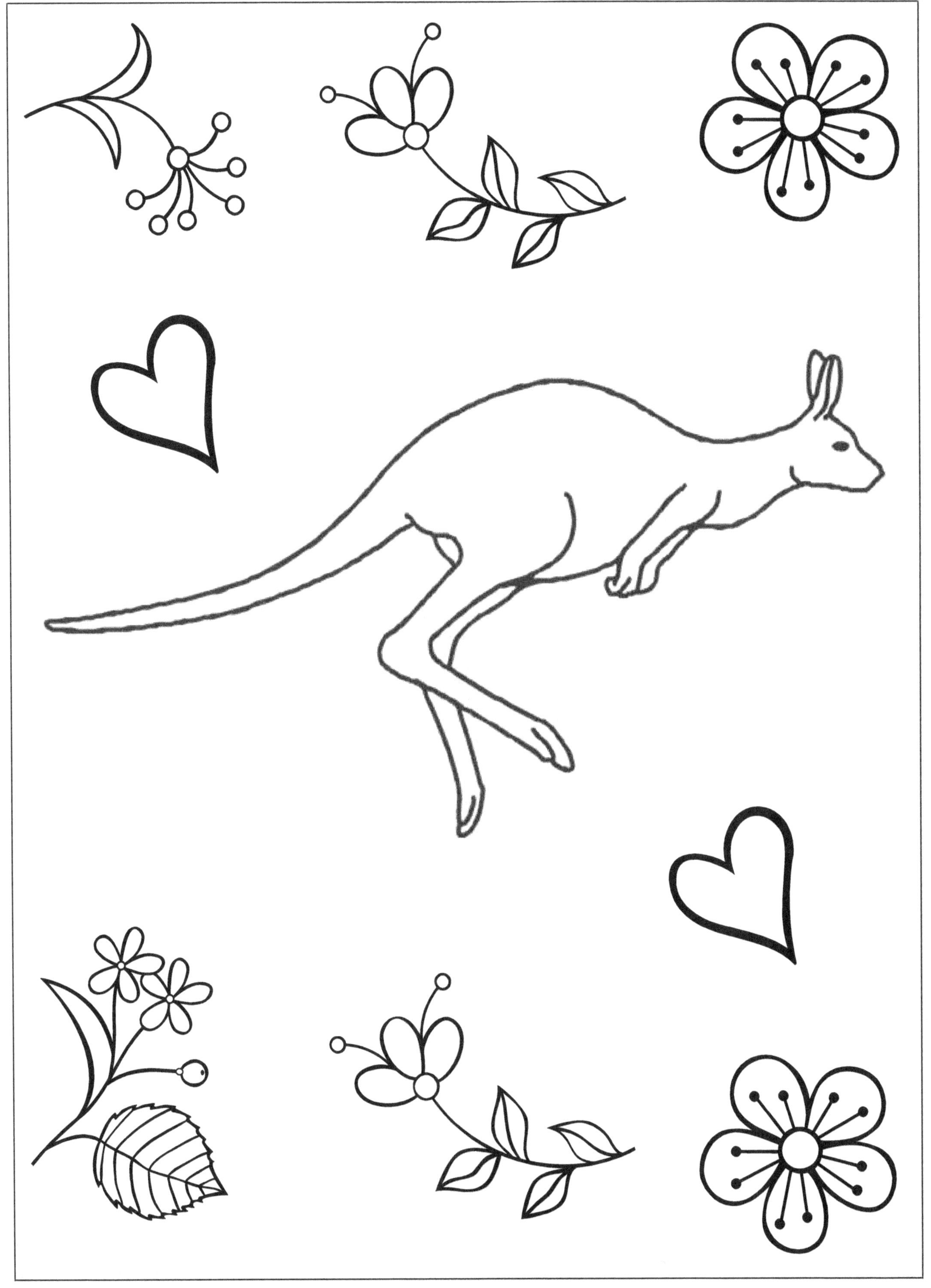

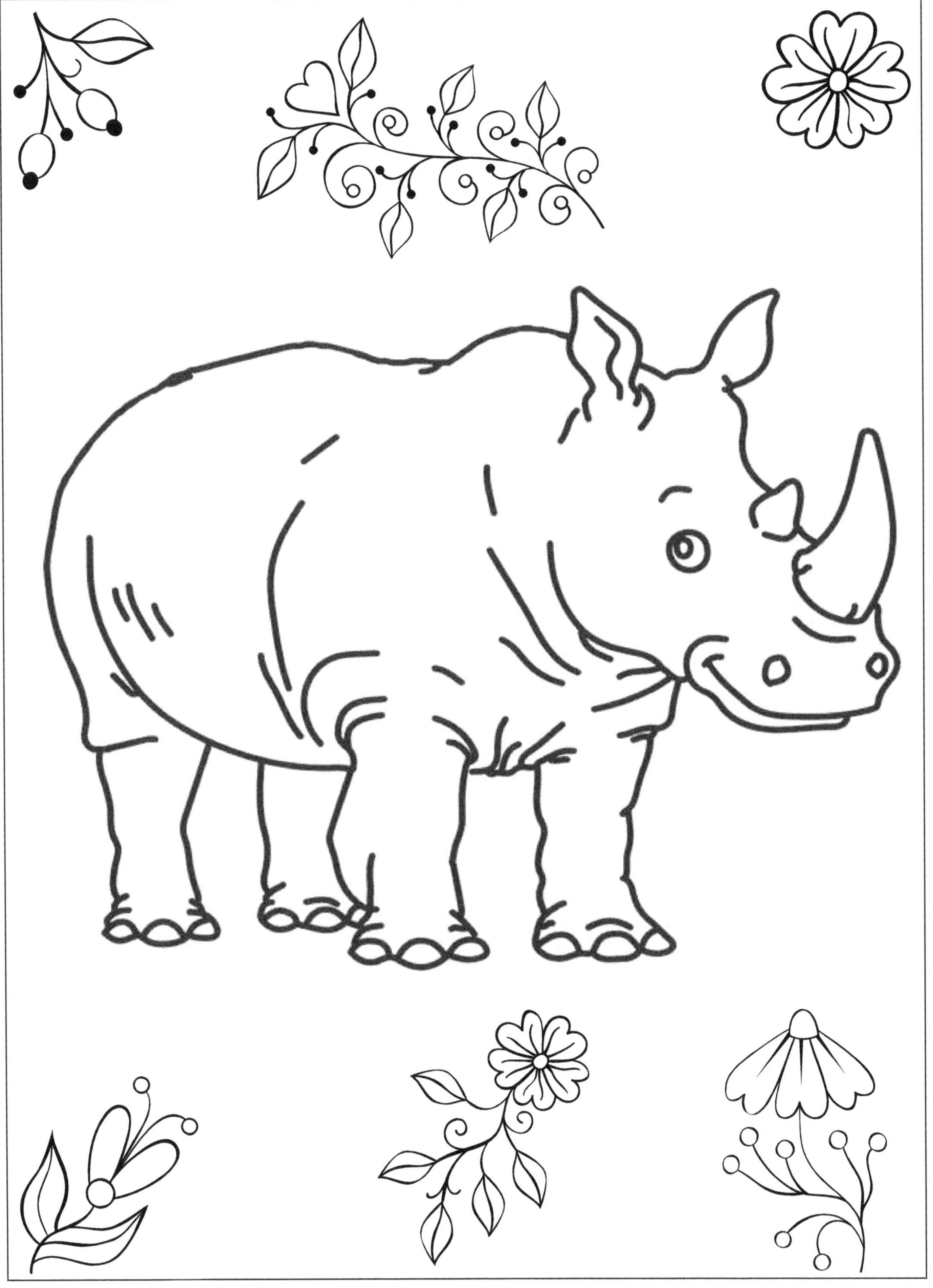

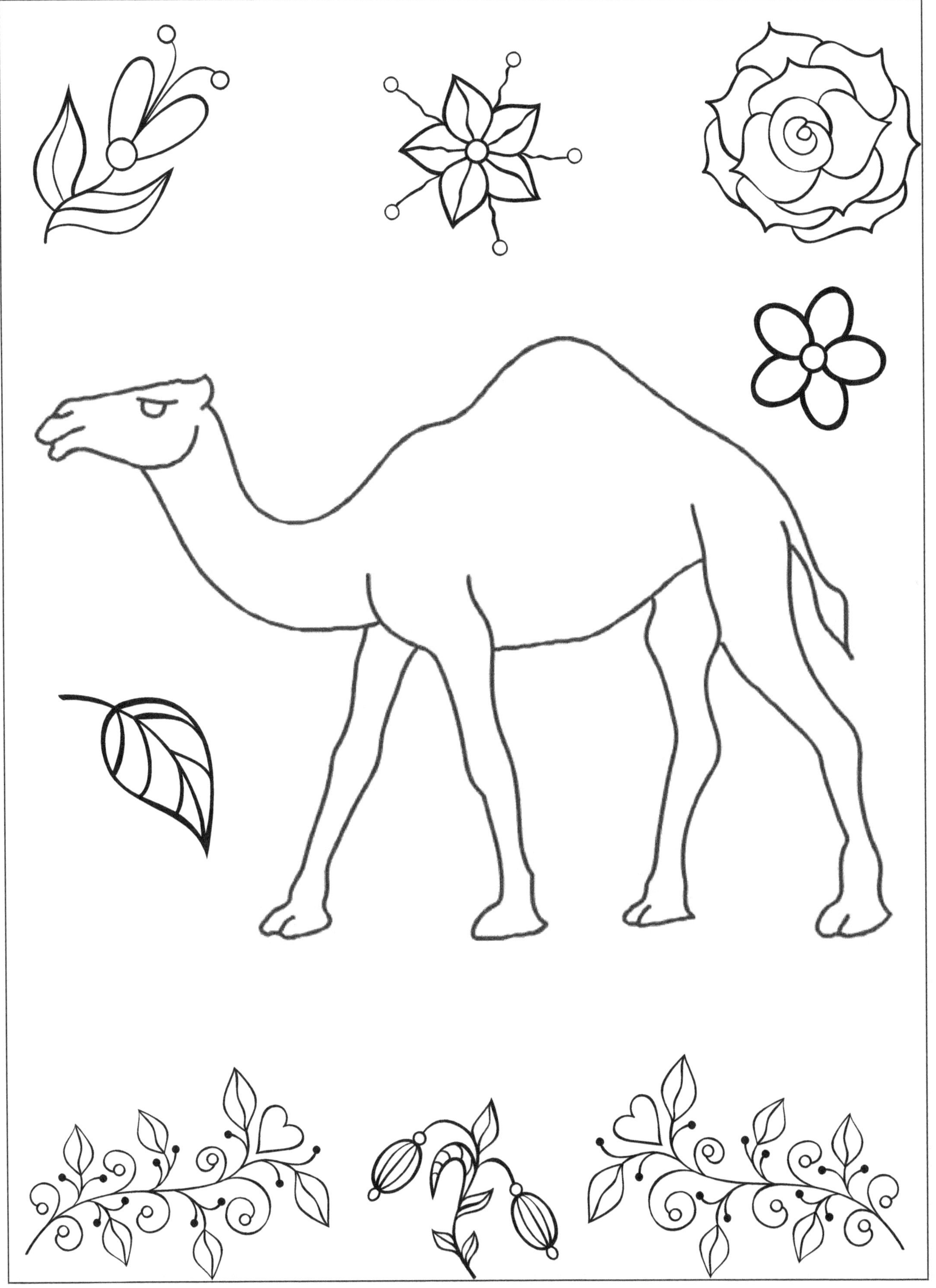